WILLIAM NAPIER
165, rue de Charonne
75011, PARIS

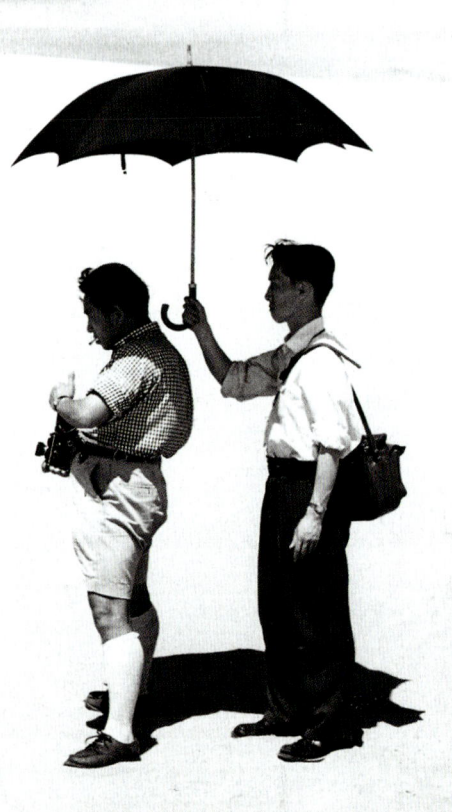

SOMMAIRE

Ouverture
Le photographe photographié.

12
Chapitre 1
NAISSANCE DE LA PHOTOGRAPHIE MODERNE
Rapidité et facilité d'utilisation : tels sont, en 1880, les maîtres mots
de la photographie qui, quarante ans après son invention, entame une nouvelle
vie, celle de l'instantané, incarné par Kodak.

30
Chapitre 2
À CONTRETEMPS : PICTORIALISMES
Le pictorialisme défend une photographie artistique et élitiste en s'inspirant
des thèmes et des techniques picturales et graphiques. Voué à l'impasse,
le mouvement est infléchi par Stieglitz qui le fait entrer dans la modernité.

46
Chapitre 3
L'ESSOR DU PHOTOJOURNALISME
Dans l'entre-deux-guerres, la photographie se généralise
dans la presse illustrée et la figure du photoreporter s'affirme.

64
Chapitre 4
NOUVELLES VISIONS
Moyen d'expression moderne, la photographie séduit les avant-gardes
de l'entre-deux-guerres, du constructivisme au dadaïsme,
des surréalistes aux partisans d'un style documentaire.

86
Chapitre 5
UNE IMAGE DE MASSE
Largement diffusée – via la presse, l'édition, la publicité –, l'image
photographique devient un élément fondamental de la civilisation urbaine.

106
Chapitre 6
LES INCERTITUDES DE L'APRÈS-GUERRE
Assujettie à des contraintes économiques de plus en plus fortes, partagée
entre préoccupations humanistes et recherches formalistes, la photographie,
au lendemain de la guerre, recherche un nouveau souffle.

129
Témoignages et documents

LA PHOTOGRAPHIE
L'ÉPOQUE MODERNE
1880-1960

Quentin Bajac

DÉCOUVERTES GALLIMARD
ARTS

Chronophotographie à l'éclair de magnésium

Au cours des années 1880, les innovations techniques survenues dans le domaine de la photographie introduisent un bouleversement des pratiques et des publics permettant de parler de véritable « révolution » de l'instantané.

CHAPITRE 1

NAISSANCE DE LA PHOTOGRAPHIE MODERNE

Enregistrer, mesurer : des expériences scientifiques d'Albert Londe (page de gauche) aux clichés de la Préfecture de Police (ci-contre, l'atelier photographique où sont réalisés les portraits des prévenus), la technique du gélatino-bromure d'argent devient l'instrument privilégié d'une nouvelle appréhension du monde moderne.

Le gélatino-bromure d'argent

Découvert dès 1871, par l'Anglais Richard Leach Maddox et perfectionné tout au long des années 1870, le procédé au gélatino-bromure d'argent – suspension de bromure dans la gélatine – met fin, à partir des années 1880, à la domination d'un quart de siècle de la technique du collodion. Désormais, l'utilisateur n'a plus à choisir entre un procédé relativement « rapide » – le collodion humide –, mais délicat à utiliser, car nécessitant de préparer et d'exposer ses négatifs dans la foulée (opération très complexe hors de l'atelier), et un procédé plus maniable – le collodion sec, qui permet de préparer par avance les négatifs –, mais beaucoup moins sensible et donc beaucoup plus « lent ».

L'arrivée du gélatino-bromure d'argent, procédé tout à la fois sec (pouvant être préparé longtemps d'avance et de manière industrielle) et très rapide (il permet de réaliser des images instantanées, en près d'un centième de seconde), met un terme à ce dilemme. Comme le collodion, au début des années 1850, avait détrôné ses deux principaux rivaux, le daguerréotype et le calotype, en alliant le principal avantage du premier – la netteté – à celui du second – la reproductibilité –, le gélatino-bromure d'argent se substitue rapidement aux procédés au collodion. Tant en termes de rapidité que de facilité d'utilisation, il constitue un progrès considérable par rapport à ses prédécesseurs.

Vers 1888-1889, Eastman réalise à l'aide de son nouveau Kodak un portrait d'un de ses plus glorieux aînés, Nadar (ci-dessous). La maison Nadar deviendra par la suite le diffuseur en France de la firme américaine d'Eastman. Le format rond de l'image est caractéristique des premiers films Kodak.

La simplification des procédés de tirage et l'arrivée de nouveaux papiers positifs industriels (à droite) viennent compléter la révolution du nouveau procédé négatif.

La sensibilité des nouvelles plaques négatives est non seulement accrue, mais également améliorée : autrefois réduite pour les couleurs, allant du jaune au rouge, elle permet alors d'enregistrer toutes les valeurs du spectre (plaques panchromatiques).

Dès la fin des années 1870, l'industrie s'empare de cette invention. Sont désormais disponibles dans le commerce des négatifs prêts à l'emploi, alors qu'auparavant chaque opérateur devait sensibiliser ses propres plaques. En 1878, au moins trois entreprises anglaises fabriquent déjà des plaques négatives. Deux ans après, George Eastman, futur inventeur du Kodak, monte sa propre entreprise à Rochester, dans l'État de New York. En France, les frères Lumière entament leur fabrication en 1882, suivis par Braun et Garcin. En Belgique, Désiré Monckhoven, dont les découvertes des années 1870 ont été décisives pour l'amélioration du gélatino-bromure d'argent, fournit très tôt des plaques de bonne qualité. Les supports de ces négatifs évoluent rapidement : si le verre demeure largement utilisé, apparaît, au cours des années 1880, le papier, utilisé en rouleau, auquel se substitue, à partir de 1890, un support souple et synthétique, le nitrate de cellulose. Les progrès de l'industrie des plastiques permettent, dans les années 1920 à 1950, l'amélioration de ces supports synthétiques : diacétate (1923), puis triacétate (1948) de cellulose et

En 1880, Eastman entreprend la fabrication et la commercialisation de plaques au gélatino-bromure. L'année d'après, il fonde la Eastman Dry Plate Company. Outre la fabrication industrielle de plaques, l'entreprise se lance bientôt dans la conception d'appareils et de dispositifs destinés à simplifier l'acte photographique, fidèle en cela au précepte inscrit au fronton de l'usine de Rochester (ci-dessus) : « You press the button we do the rest » [Vous appuyez sur le bouton, nous faisons le reste]. L'acte photographique est alors réduit à la seule prise de vue, l'industrie se chargeant des opérations en amont (préparation des négatifs) comme en aval (développement et tirage).

Le Papier
Chloro-Bromure
" TAMBOUR "

Tirage instantané des épreuves
Le soir, sous la lampe
Sans laboratoire

enfin polyester (1955) restent les plus courants dans la production de l'époque.

La révolution des appareils

L'avènement du gélatino-bromure d'argent n'est cependant pas le seul facteur d'apparition de la pratique de l'instantané. Nombre d'améliorations techniques entrent également en jeu. Tout d'abord, la mise au point de nouveaux objectifs, dont le plus emblématique est l'anastigmat de Zeiss (1892) : éclairage uniforme, correction des aberrations concourent à l'obtention d'une image d'une grande netteté, malgré un temps de pose considérablement réduit. Ensuite, la généralisation de l'obturateur, ce dispositif qui occulte l'objectif et dont le déplacement permet à la lumière d'impressionner la surface sensible pendant une durée déterminée.

Expérimenté depuis les années 1850 dans le cadre de la photographie scientifique, l'obturateur – à volet, à guillotine ou à rideau – met fin, dans les années 1880, à la pratique parfois approximative des « bouchons » et « volets », qui servaient encore à masquer l'objectif. En 1887, l'obturateur à multiples lames, conçu par Dallmeyer et Beauchamp, s'impose et reste, jusque dans l'entre-deux-guerres, un symbole de la nouvelle précision de l'œil mécanique : celui qui transforme définitivement les anciennes chambres photographiques en véritables appareils.

La sensibilité accrue qui autorise l'instantané permet désormais à l'utilisateur de se passer du trépied encombrant qui était destiné à assurer la stabilité de l'appareil photographique pendant

Le succès des appareils « détectives », tout comme celui des « Folding » (ci-dessus, Folding Kodak, 1890), contribue à enraciner profondément la nouvelle pratique amateur. Ces derniers tiennent leur nom de la chambre en accordéon qui se déploie pour la prise de vue et donne des images de meilleure qualité que les simples « détectives ». Initialement destinés aux professionnels, ils deviennent, dès le début du XXᵉ siècle, un type d'appareil massivement utilisé par un public d'amateurs.

Dès le début des années 1880 aux États-Unis, les ouvrages consacrés aux débouchés professionnels féminins mentionnent souvent la photographie. Profitant de ce mouvement, la firme Kodak insiste notamment dans ses brochures et affiches publicitaires (à gauche) sur la facilité d'utilisation de ces appareils, censés conquérir un public féminin.

NAISSANCE DE LA PHOTOGRAPHIE MODERNE

la prise de vue. Celui-ci peut dorénavant être tenu à la main, ce qui induit, au cours des années 1880, une réduction notable de la taille des appareils à destination des amateurs.

Innombrables, ceux-là peuvent être regroupés par familles. Les plus connus, les appareils dits « détectives », sont également les plus simples, puisqu'ils se présentent comme de petites boîtes : leur nom s'explique par la disposition de leur viseur qui permet à l'opérateur de ne pas donner l'impression de regarder la scène qu'il est effectivement en train de photographier. De ce type, on peut citer le Facile (1887, de Frank Miall), utilisé par le photographe anglais Paul Martin, un des premiers à avoir réalisé ces images prises à la sauvette, l'Express Détective (1888, Nadar fils), et bien évidemment le Kodak (1889, G. Eastman), abondamment copié par d'autres.

Eastman (en bas) lance en 1888, le premier appareil Kodak (ci-dessus, Kodak n° 1). L'appareil est équipé d'un rouleau négatif de papier (puis de celluloïd, à partir de 1889) permettant la réalisation de 100 prises de vue. À l'épuisement des poses, l'appareil est retourné à la boutique où le film est développé, tiré, puis remplacé pour la somme de 10 dollars. Onéreux (25 dollars) et offrant une qualité d'images limitée, le Kodak n° 1 connaît néanmoins un succès certain, poursuivi par ses successeurs. En 1900, l'entreprise lance le premier de la série des Kodak Brownie. Au prix défiant toute concurrence d'un dollar pièce, plus de cent mille exemplaires en sont vendus la première année. Utilisant des méthodes commerciales modernes – production de masse à faible prix, politique de distribution internationale et utilisation massive de la réclame –, la Eastman Kodak Company, devient, au début du XXe siècle, la plus importante entreprise photographique au monde.

Nouveaux publics, nouvelles pratiques

Si les photographes professionnels sont prompts à adopter le gélatino-bromure d'argent dans leur pratique quotidienne dès le début des années 1880, cela n'a le plus souvent que peu d'incidence sur les images elles-mêmes. L'arrivée de la technique marque bien plutôt le début du lent déclin de la photographie d'atelier, désormais concurrencée par un nouveau public non professionnel, attiré vers la photographie par la liberté offerte par le gélatino-bromure d'argent et désireux d'en exploiter toutes les possibilités. C'est à ce public amateur, potentiellement très vaste, que l'industrie s'adresse au premier chef.

La vogue, à partir des années 1880 et jusque dans les années 1930, du terme « amateur » ne doit pas faire oublier que cette dénomination recouvre des réalités très différentes. Les publicités pour Kodak, dès les années 1890 (*Women Who Use Kodak* [Les femmes qui utilisent Kodak], 1891), s'adressent à un amateur sans connaissances techniques ; elles ciblent, notamment, un nouveau public féminin, voire enfantin, et réduisent souvent la pratique photographique à la seule prise de vue. Dans le même

Paru dans une revue anglaise des années 1880, ce dessin humoristique (ci-dessus) évoque l'explosion des pratiques amateurs et la vogue, chère aux sociétés d'amateurs, des excursions photographiques. Il rappelle également que nombre d'amateurs, notamment au sein des sociétés photographiques, continuent d'utiliser à la fin du siècle des appareils à pied, donnant des images d'une qualité supérieure à celle obtenue avec des appareils plus maniables.

temps, à travers l'apparition d'un nouveau genre de l'édition photographique – le manuel à destination des amateurs –, se dessine un profil d'amateur sensiblement différent : celui du bourgeois, plutôt cultivé, ayant pour violon d'Ingres la photographie, désireux d'en maîtriser les principales étapes techniques, et qui n'est pas sans évoquer, par bien des aspects, la figure du grand amateur des tout premiers temps du médium, quarante ans auparavant. C'est ce dernier type qui, le plus souvent, adhère à des sociétés d'amateurs : si elles sont encore rares en France au début des années 1880, on en dénombre plus de cent vingt en 1907.

Si la révolution de l'instantané a favorisé le développement d'une pratique amateur, on ne saurait, à l'époque, parler d'un seul public amateur et encore moins d'une pratique populaire. Pratique répandue – comme l'attestent, de manière dramatique, pendant la Première Guerre mondiale, les nombreux clichés amateurs pris au front, en dépit des interdictions officielles –, mais qui demeure, jusqu'à l'entre-deux-guerres, plutôt le fait des gens aisés et des citadins.

Nul mieux que Jacques Henri Lartigue (ci-dessus, portant un appareil) ne permet d'envisager la photographie, au début du XXᵉ siècle, comme un « jeu d'enfant » puisque ce dernier, fils de photographe amateur, entame, à l'âge de 7 ans, en 1903, l'œuvre d'une vie.

Exacte contemporaine de l'arrivée du gélatino-bromure d'argent et révélatrice des progrès des procédés photomécaniques comme de l'intérêt croissant du public pour l'image photographique, la carte postale illustrée de photographie apparaît en 1880.

Épreuve instantanée obtenue pendant la marche rapide d'un train.

La photographie instantanée

Cette production, aujourd'hui fréquemment consignée dans des albums souvent anonymes, est généralement regroupée sous le terme de photographie instantanée. Plus qu'un rapport mécanique au temps, le terme désigne, à partir de la seconde moitié des années 1880, une nouvelle pratique marquée par la recherche de l'occasionnel et du fortuit, entraînant un profond renouvellement des sujets. Privilégiant les espaces extérieurs, cette production inédite, contemporaine de l'essor de l'aviation et de l'automobile, s'attache aux sujets en mouvement, si possible rapides. À la rubrique « Photographie instantanée », le dictionnaire de la photographie de E. J. Wall, en 1889, propose l'énumération suivante : « enfants courant, chiens et chats, trains express, ballons, vagues, courses de lévriers, patineurs, courses de chevaux, explosion à la dynamite… ».

Ces saisies sur le vif apparaissent comme autant de trophées – gage de l'habileté de l'opérateur. Les sociétés d'amateurs organisent des concours du meilleur instantané, et les principaux manuels d'instruction de l'époque (ceux de Londe, Eder, ou Vidal) mettent à la disposition des utilisateurs

Contemporaine des progrès du chemin de fer, de l'apparition de l'automobile et des débuts de l'aviation, la photographie instantanée aime les prises de vue en mouvement rapide où chaque cliché représente un défi. Paradoxalement, l'image dite « réussie », nette et précise, figeant l'instant, telle cette photographie de Nadar prise depuis un train en marche (ci-dessus), restituera moins bien l'impression de mouvement que l'image ratée ou floue.

La mise au point de l'éclair au flash au magnésium, dans les années 1880, permet de repousser encore davantage les seuils de visibilité en offrant la possibilité de photographier la nuit ou dans des espaces peu lumineux, comme ici (à gauche), où le photographe amateur Blanquart s'est portraituré à l'entrée d'une grotte.

des « tableaux de vitesse », qui détaillent les mouvements des sujets, des plus lents (croissance des ongles, progression du colimaçon) au plus rapide (vitesse de l'électricité dans un fil télégraphique aérien). Le recours au posemètre, afin de déterminer la durée de l'exposition, se généralise. Car, plus que jamais, la réussite de l'épreuve passe par la parfaite estimation du temps de pose nécessaire, ce qui met en avant le rôle prépondérant désormais joué, dans la production de l'image, par la prise de vue.

L'aspect fortuit, accidentel, de nombre d'instantanés est bien souvent renforcé par les limitations techniques des appareils, notamment par le caractère parfois rudimentaire des viseurs – l'objet y apparaît inversé sur du verre dépoli, avec une luminosité réduite. Utilisés à hauteur de poitrine, ils introduisent une nouvelle esthétique qui fait la part belle à l'imprévu, tout en déplaçant l'axe de l'image. La pratique amateur est donc bien à l'origine d'un nouveau type d'images.

La rétine du savant

Si l'engouement des scientifiques pour la photographie est contemporain des tout premiers procédés, les résultats effectifs obtenus par la technique dans le domaine des sciences, depuis l'apparition de la photographie, restent minimes. Les possibilités offertes par les plaques au gélatino-bromure d'argent vont réellement permettre à l'appareil photographique de devenir, selon les mots de Jules Janssen, directeur de

À la fin du XIXe siècle, le renouveau de la pratique amateur s'accompagne du développement d'une photographie ouvertement ludique. Des manuels à destination des amateurs encouragent ces pratiques récréatives, faisant la part belle aux déformations, mises en scène, trucages :

ici le photographe Henri Roger s'est démultiplié (ou « trilocalisé » selon sa propre dénomination) en exposant plusieurs fois le même négatif.

l'observatoire de Meudon et futur président de la Société française de photographie, la « véritable rétine du savant ».

Pour nombre de savants et de photographes, le déclencheur est incontestablement le travail mené à l'aide du collodion, à partir de 1872, par l'Américain Eadweard Muybridge, sur la décomposition par la photographie de la course du cheval. À la suite de ces travaux qu'il avait lui-même largement contribué à inspirer, le physiologiste Étienne Jules Marey utilise, à partir de 1882, la photographie au gélatino-bromure d'argent dans ses études sur l'analyse des mouvements de l'homme et de l'animal.

Afin de montrer toutes les possibilités de sa chronophotographie (« la production photographique d'images successives prises à des intervalles de temps exactement mesurés ») dans le domaine de l'analyse scientifique, Marey applique à partir de 1886 sa méthode à toutes sortes de travaux balistiques utilisant des balles (ci-dessous), ou des bâtons.

L'année suivante, il met au point la chronophotographie sur plaque fixe, méthode originale de décomposition du mouvement par l'outil photographique, qu'il poursuit et perfectionne pendant deux décennies (chronophotographe géométrique [1883], sur bande mobile, puis sur pellicule mobile).

Parallèlement, maints autres photographes et savants (l'Anglais Worthington, l'Allemand Ottomar Anschutz), exploitant les possibilités nouvelles qu'offre le gélatino-bromure, s'intéressent à la saisie du mouvement, parfois très rapide (Ernst Mach et ses études sur la balistique, dans les années 1880). Nombre de ces études à caractère scientifique, tant sur l'enregistrement d'une image décomposée que sur sa reconstitution par divers dispositifs (zoopraxiscope de Muybridge, 1879 ; phonoscope de Demeny, assistant de Marey, et électrotachyscope d'Anschutz, 1890 ; kinétoscope d'Edison, 1893), représentent des jalons importants sur la voie du Cinématographe des frères Lumière, breveté en 1895.

Malgré l'importance de ses travaux et de ceux de son assistant Demeny pour l'élaboration du Cinématographe des frères Lumière (page de droite, Le Repas de bébé, 1895), Marey manifesta avec constance un rejet de cette technique. « Les projections animées, d'un intérêt si vif pour le public, n'ont au point de vue scientifique, que peu d'avantages : elles ne donnent rien en effet que notre œil ne voie avec plus de netteté. »

La photographie, instrument scientifique

Par-delà l'étude du mouvement, à partir des années 1880, la photographie devient le principal instrument d'enregistrement du visible pour les cercles scientifiques, de l'infiniment grand à l'infiniment petit. Plus fiable, plus précise que le relevé graphique, et permettant de déceler des phénomènes invisibles avec les instruments d'observation les plus performants, elle supplante le dessin dans le domaine de l'astronomie physique. Outil d'observation (la nébuleuse d'Orion avec Common, dès 1882) et de mesure, la photographie est à l'origine de vastes entreprises cartographiques : carte du ciel (projet international lancé par l'Observatoire de Paris en 1889), atlas du Soleil (observatoire de Meudon,

Ces images (ci-dessus) font partie des premiers travaux menés à l'hôpital de la Salpêtrière par Londe, qui mit en place un dispositif d'observation directement inspiré des travaux de Marey.

Entamé en 1889 à l'initiative de l'Observatoire de Paris, le projet de carte photographique du ciel, jamais mené à bien, se proposait de dresser « l'inventaire exact et aussi complet que possible de l'Univers perceptible à la fin du XIXe siècle ». [Ci-contre, la constellation du Cygne, 1885.]

NAISSANCE DE LA PHOTOGRAPHIE MODERNE

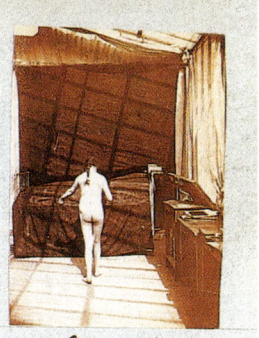
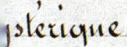

Atlas de photographies solaires, 1903) et de la Lune (Observatoire de Paris, *Atlas photographique de la Lune*, 1896-1910, et observatoire de Lick, *Atlas of the Moon*, 1903), ou enfin les atlas dans le domaine de la spectroscopie (Rowlands, 1888, Higgs, 1891), qui permettent d'analyser la nature physique des astres.

Mais le pouvoir de la photographie de révéler l'invisible n'est nulle part aussi évident qu'avec la découverte des rayons X, en 1895, par le physicien allemand Wilhelm Conrad Röntgen. Immédiatement publiée et très largement diffusée, l'invention fascine et relance le débat sur une possible photographie d'un « au-delà », qui éclate à nouveau, quelques années plus tard, avec la photographie du saint suaire par Secondo Pia (1898).

Dans le domaine médical, à l'hôpital de la Salpêtrière, à Paris, sous la houlette du professeur Charcot, Albert Londe, à partir de 1882, entreprend de mettre en place un service photographique, afin de garder trace, par l'instantané, des mouvements pathologiques des hystériques. L'expérience fait l'objet, en 1889, d'une publication (*Nouvelle iconographie de*

Le portfolio réalisé en 1896 par Valenta et le chimiste Eder, grand défenseur des applications scientifiques de la photographie, entreprend de recenser les matières « radiographiables » : hommes, animaux, métaux, minéraux, etc.

la Salpêtrière, 1888-1917). Cette même volonté de dresser par la photographie des typologies est à l'origine, dans les mêmes années, de l'élaboration par Bertillon, à la Préfecture de police de Paris, d'un système de signalement anthropométrique, inspiré notamment par les théories de Cesare Lombroso. Le recours à la photographie systématique de face et de profil des condamnés, complétée par des indications et mensurations, doit permettre repérage et identification, en cas de récidive. À cette même période, Francis Galton met au point sa technique des portraits composés – superposition de clichés –, qui vise à l'obtention de portraits génériques de criminels.

Les artistes et l'instantané

« Irez-vous sortir votre album et tailler votre crayon ? Qui vous donnera cette vérité si ce n'est l'instantané ? » s'interrogeait, à la fin du XIXe siècle, un critique, en s'adressant aux artistes. À partir des années 1880, un nombre grandissant d'entre

Parmi les pratiques photographiques des artistes de la fin du XIXe siècle, celle d'Edgar Degas (ci-dessus) est une des plus singulières : fugace (quelques mois de 1895), anachronique (utilisation du collodion et recours à des temps de pose élevés, de l'ordre de la minute), réduite (une soixantaine de clichés connus), elle s'oppose en tout point à la pratique instantanée et répétée de ses contemporains. Elle leur oppose un monde figé, presque onirique, dont les forts contrastes de valeur évoquent certaines estampes de l'artiste.

eux développent une pratique photographique amateur, en marge de leur activité artistique principale (sculpture, peinture, littérature), mais en interférence fréquente avec cette dernière. La liste est longue et très internationale : le Norvégien Munch, les Belges Evenepoel et Khnopf, le Néerlandais Breitner, le Finlandais Gallén-Kallela, le Danois Willumsen, l'Américain Eakins, le Tchèque Mucha, les Italiens Michetti et Fortuny, l'Allemand Zille, ou, en France, Edgar Degas et nombre de nabis (Bonnard, Vuillard, Vallotton, Denis), auxquels on peut ajouter quelques écrivains : August Strindberg, Émile Zola, Pierre Loti, George Bernard Shaw ou encore Stanislaw Witkiewicz.

Si, du mysticisme d'un Munch ou d'un Strindberg à l'intimisme de Bonnard et Vuillard, les pratiques sont très diverses, beaucoup d'artistes utilisent des matériels très proches, typiques de l'instantané (Kodak Pocket pour Bonnard, Vuillard, Evenepoel, Kodak pour Breitner). Champ d'expérimentation, la photographie entretient de nombreuses affinités avec les recherches formelles que ces mêmes artistes

Entre 1890 et 1910, Bonnard a pratiqué assidûment la photographie, enregistrant, parfois en compagnie de Vuillard, à l'aide de divers appareils, dont des Kodak, le quotidien de ses villégiatures (ci-dessous, au Grand-Lemps, en 1899). Faisant la part belle à l'accident, sa production photographique n'avait probablement pour lui guère de valeur artistique en soi. Elle entretient néanmoins parfois des rapports formels directs avec son œuvre peinte et graphique, pour laquelle elle a peut-être pu, dans certains cas, jouer le rôle de révélateur.

développent concomitamment dans leur travail : recherches sur le cadrage, distorsion des premiers plans due aux aberrations optiques, flou, traitement de la lumière en contre-jour.

Sur le vif

Par-delà la pratique du médium, la nouvelle iconographie du mouvement rendue possible par l'instantané a suscité, au sein des cercles artistiques, fascination et controverses. Les images de Muybridge, diffusées par le biais de publications (notamment *Animal Locomotion*, 1887), de conférences ou de journaux de vulgarisation

scientifique, connaissent tout au long des années 1880-1900, en Europe et aux États-Unis, une grande vogue. Immense fut l'étonnement face aux clichés qui révélaient une attitude insoupçonnée dans la course du cheval. Nombre d'artistes (Degas, Eakins) réalisèrent des dessins d'après ces clichés, le peintre Meissonier allant jusqu'à retoucher certains de ses travaux antérieurs, pour les rendre plus conformes à ce nouveau réalisme scientifique.

Quelques années plus tard, les images de Marey suscitent à l'identique l'intérêt d'artistes : Kupka (*Les Deux Cavaliers*, 1901), Duchamp (*Nu descendant un escalier*, 1912), dont les œuvres des années 1900-1912 doivent très clairement leur décomposition en plans et phases successifs aux photographies de Marey,

Entre 1910 et 1913 Anton Giulio Bragaglia, assisté de son frère Arturo, réalise une vingtaine de clichés flous, obtenus par mouvement du modèle pendant l'exposition (à gauche). Ces images « photodynamistes », dont le rendu évoque la chronophotographie de Marey, entendaient néanmoins « délivrer la photographie de l'indécence de son réalisme brutal » et révéler une essence des choses.

NAISSANCE DE LA PHOTOGRAPHIE MODERNE

et surtout les futuristes italiens, dont le deuxième manifeste (1910) fait explicitement référence à ses travaux. La chronophotographie de Marey, comme nombre d'autres découvertes visuelles de la photographie scientifique (des rayons X à Ernst Mach), fournit aux peintres du mouvement italien (Boccioni, Balla) un nouveau modèle en phase avec leurs recherches d'expression. L'année d'après, les frères Bragaglia opposent à la démarche jugée trop rigoureuse et scientifique de Marey une méthode plus fluide et spontanée, inspirée de la photographie spirite amateur, le *Fotodinamismo*, caractéristique de l'interpénétration des pratiques amateurs, scientifiques et artistiques qui parcourt la fin du XIXe et le début du XXe siècle.

Parmi les artistes de sa génération, le peintre Thomas Eakins est sans doute celui qui a suivi avec le plus d'attention les travaux de Muybridge et de Marey. Utilisant la photographie à des fins pédagogiques au sein de l'Université de Pennsylvanie (où il fait venir Muybridge), il réalise notamment des clichés à l'aide d'un appareil directement inspiré des recherches de Marey (ci-dessus).

En réaction aux évolutions modernes de la photographic, le pictorialisme, mouvement international, tente, pendant plus de deux décennies, de faire reconnaître la photographie comme une discipline artistique à part entière, en s'inspirant de thèmes picturaux, comme de techniques graphiques.

CHAPITRE 2

À CONTRETEMPS : PICTORIALISMES

Issu d'une famille aisée de Boston, fasciné par l'Angleterre préraphaélite, éditeur d'Oscar Wilde, esthète, le photographe Holland Day (page de gauche) eut une influence majeure sur le pictorialisme américain. Il refusa toujours d'adhérer à la Photo-Secession de Stieglitz (caricaturé ici par Marius De Zayas), fidèle en cela à ses conceptions esthétiques et très personnelles de la photographie.

Naissance du mouvement

Deux figures de la photographie britannique, Henry Peach Robinson et Peter Henry Emerson, sont à l'origine du mouvement pictorialiste. Malgré leurs nombreuses divergences, tous deux partagent une même croyance dans les potentialités artistiques du médium. Éminent membre de la Société de photographie de Londres, Robinson est, depuis la fin des années 1850, un des principaux défenseurs d'une pratique noble de la photographie, à laquelle il a consacré nombre d'ouvrages, dont le traité majeur *Pictorial Effect in Photography* (1869).

Très influencées par une pratique picturale classique, les conceptions de Robinson sont battues en brèche, au cours des années 1880, par Emerson. Ce dernier, médecin venu à la photographie en amateur, se fait connaître par la publication de recueils de photographies, *Marsh Leaves*, puis *Life and Landscape in the Norfolk Broads*, suivi d'un ouvrage théorique, *Naturalistic Photography for the Students of the Art*, dans lesquels il défend une approche naturaliste du sujet. S'opposant à l'idée, alors dominante dans les milieux professionnels de la photographie, de la supériorité d'une image nette,

Dans *Marsh Leaves*, recueil de textes en prose illustré de photographies paru en 1895 (ci-dessus et page de droite), Emerson pousse le plus loin la stylisation extrême de ses clichés et l'économie de moyens, jusqu'à l'ineffable : brumes, horizons réduits à une ligne, motifs en silhouette répondent aux fragments de textes. On y retrouve des échos de Whistler, de la gravure de Wesley Dow comme de l'art japonais du Bunjin-ga et du No-tan.

qui ne sacrifierait aucun détail, Emerson entend reproduire la nature non plus selon la vision mécanique de l'appareil, mais telle qu'elle est perçue par l'œil humain, fidèle en cela à une partie de l'esthétique impressionniste et aux théories sur l'optique du physicien Hermann von Helmholtz.

Le credo défendu par Robinson, comme les idées d'Emerson, ont, à la fin des années 1880, un certain retentissement au sein des cercles amateurs et associatifs. Rejetant à la fois le modèle techniciste et documentaire, symbolisé par les sociétés de photographie, et celui, démocratique, d'une photographie facile représenté par Kodak, quelques-uns de leurs membres prônent une photographie artistique et élitiste. D'Emerson, ils retiennent avant tout le primat d'une vision subjective, fondée sur la physiologie de l'œil. Les images qui en découlent possèdent une qualité de douceur dans le rendu pouvant aller jusqu'au flou. L'intérêt suscité par les idées d'Emerson ranime le débat, déjà ancien en photographie, sur l'impossibilité de faire coïncider précision optique et dimension artistique.

> Emerson mettait en garde contre un excès de flou « qui pourrait conduire à détruire la structure de l'objet [...] et est donc aussi nocif qu'une trop grande netteté qui, en multipliant le détail, nuit à l'effet d'ensemble ». Allant au-delà d'Emerson, les pictorialistes effectueront pourtant un basculement : de la vue à la vision, de la physiologie à la psychologie, de la vue subjective à la vérité intérieure, du naturaliste au symbolisme.

Les clubs

Le pictorialisme est issu du vivier amateur : au début des années 1890 apparaissent de nouvelles sociétés, nées souvent d'une scission des sociétés photographiques alors en place : en Grande-Bretagne, un groupe de photographes, autour de Robinson et George Davison, lassés des préoccupations techniciennes et commerciales de la Photographic

Society, quittent cette dernière pour créer, en 1892, une nouvelle structure, la Linked Ring Brotherhood; en France, certains (Puyo, Demachy, Le Bègue) abandonnent la Société française de photographie pour fonder le Photo-Club de Paris (1894). En Autriche, Watzek et Kühn, notamment, se retrouvent au sein du Club amateur de Vienne (Camera Club), né d'une rupture avec la Société photographique de Vienne. Sur ce modèle, quelques années plus tard, en 1902, aux États-Unis, Stieglitz et quelques autres (Steichen, Day, Käsebier, White) rompent avec le club amateur de New York, le Camera Club, pour fonder leur propre mouvement, la Photo-Secession. À Hambourg, enfin, c'est un grand collectionneur, Ernst Juhl, qui est à l'origine de la création de la Société pour l'encouragement de la photographie d'amateur (1893), au sein de laquelle se retrouvent, entre autres, les frères Hofmeister.

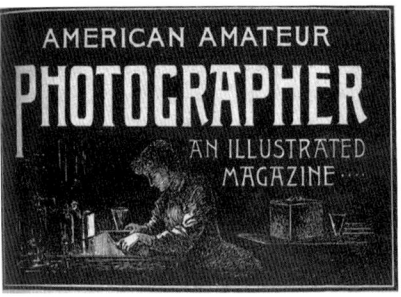

De Gertrud Käsebier à Annie Brigman, de Eva Watson à Zaida Ben-Yusuf, la femme est bien présente au sein des cercles amateurs et pictorialistes américains. Au Congrès international de photographie de 1900 à Paris, la section américaine met en avant le travail de ces photographes féminins, devenus des symboles de la femme moderne. [Ci-dessus, une publicité pour le magazine *American Amateur Photographer*, 1893.]

« Le mécanisme, voilà l'ennemi », peut-on lire, en 1892, dans les colonnes du *Bulletin du Photo-Club de Paris*. Les principaux représentants du pictorialisme français défendirent en effet une photographie d'art très travaillée et manipulée. Parmi eux, Puyo se fit une spécialité des études de femmes mises en scène (ci-contre) dont certaines illustrent son ouvrage *Notes sur la photographie artistique*.

Nombre de ces associations, aux noms parfois ésotériques (Linked Ring Brotherhood, référence à la Preraphaelite Brotherhood), sont des groupes fermés (on y entre le plus souvent par cooptation), professant une vision élitiste d'une pratique artistique de la photographie et regroupant des amateurs plutôt fortunés : aristocrates, bourgeois, fonctionnaires. À sa dissolution, la Linked Ring, centre du pictorialisme européen, ne compte guère qu'une centaine de membres, dont la plupart des grands photographes pictorialistes étrangers.

Le Camera Club de Vienne se présente, de son côté, comme un véritable club à l'anglaise où se retrouve une partie de l'aristocratie autrichienne, quand l'Association belge de photographie, pourtant la plus ouverte des sociétés pictorialistes, bénéficie de la protection du roi Léopold II. Le mouvement est par ailleurs soutenu par l'industrie photographique : Kodak est un important mécène de la Linked Ring, dont un des membres influents, Davison, est son représentant en Grande-Bretagne.

Les Salons

Ces regroupements s'articulent généralement autour de la création de revues et de l'organisation d'expositions (Salons annuels, expositions internationales) – fonctionnement qui annonce celui de la plupart des mouvements d'avant-garde du début du XXe siècle. Dès 1891 est organisé à Vienne le premier de ces Salons, calqué sur les Salons de peinture (avec jury), bientôt suivi par Londres (Photographic Salon de 1892-1893), Hambourg (1893), Paris (Salon du Photo-Club de Paris, 1894). Les expositions internationales scandent l'évolution du mouvement.

Les expositions pictorialistes (ci-dessous) sont l'occasion de rencontres, parfois mouvementées, avec la critique : l'esthétique pictorialiste, « culte du tirage gâché et de la photographie floue », pour certains, essuya les mêmes critiques que les impressionnistes vingt ans auparavant.

Ainsi un critique américain évoquant les images de Steichen estimait qu'elles en montraient « si peu qu'il ne vaut même pas la peine d'essayer de deviner ce vers quoi l'appareil était dirigé ».

"PHOTO-SECESSION"
291 FIFTH AVENUE
BETWEEN THIRTIETH AND THIRTY-FIRST STREETS

✠ ✠ CALENDAR OF EXHIBITIONS ✠ ✠

En 1893, c'est pour la première fois un musée, la Kunsthalle de Hambourg, qui, à l'initiative de son directeur, Alfred Lichtwark, accueille plusieurs milliers d'épreuves pictorialistes. Cinq ans plus tard, l'exposition internationale de Philadelphie, organisée par Stieglitz, marque l'avènement d'un pictorialisme américain. Enfin, les deux grandes expositions, celle de Dresde en 1909, organisée par le grand collectionneur Ernst Juhl, et celle de Buffalo de 1910, toujours à l'initiative de Stieglitz, apparaissent rétrospectivement comme le chant du cygne du pictorialisme.

Parallèlement aux Salons et expositions internationales, plusieurs galeries d'art (Galerie Charpentier à Paris, L'Effort industriel à Bruxelles) accueillent des expositions pictorialistes, signe d'un intérêt marchand nouveau pour la photographie. À New York enfin, à partir de 1905, Alfred Stieglitz ouvre sa propre structure, The Little Galleries of the Photo-Secession, appelées par la suite « 291 ». En l'espace de quinze ans, Stieglitz y présentera

Créée et dirigée par Alfred Stieglitz, *Camera Work*, revue de luxe à l'impression très soignée, tirée à 1 000 exemplaires, complète l'action de la galerie « 291 » et du mouvement de la Photo-Secession : mêmes artistes, même discours critique et, surtout, même évolution, à partir de 1908-1910, de la photographie pictorialiste à l'art moderne. Steichen (ci-dessous, *In Memorium*, 1906), fidèle lieutenant de Stieglitz aux débuts de la revue, fut l'artiste le plus souvent publié dans ses colonnes.

la plupart des grands pictorialistes américains (Steichen, Day, Käsebier, White) et européens (Coburn, Evans, Demachy, les frères Hofmeister, Kühn), voire de la photographie ancienne (Julia Margaret Cameron, Hill et Adamson), avant de se lancer dans l'aventure de l'art moderne européen.

Les revues

La revue est le second moyen de diffusion des travaux des pictorialistes et de défense de leurs idées. Accordant un rôle prééminent aux procédés photomécaniques, notamment l'héliogravure qui autorise de nombreuses manipulations et dont le rendu est plus proche de celui des estampes, les pictorialistes privilégient ce mode de diffusion. À côté de revues qui sont davantage des bulletins de clubs, prétexte à échange d'informations (*Photogaphische Rundschau, Bulletin du Photo-Club de Paris, Amateur Photographer*), naissent des revues d'images, au graphisme et à la présentation très soignés, qui séparent le plus souvent textes et planches. Ces dernières, destinées tant à la lecture qu'à l'exposition, sont souvent isolées sur une page, parfois collées sur des cartons de couleur. *Die Photographische Rundschau* devient ainsi, en 1897, *Die Kunst in der Photographie*, dans un format nettement agrandi. En France, on peut citer *L'Art photographique* (1899-1900) ou *La Revue de photographie* (1903-1908), en Italie, *La Fotografia artistica* (1904-1917) et, bien entendu, aux États-Unis, la plus célèbre d'entre elles, *Camera Work* (cinquante numéros, de 1903 à 1917).

La galerie « 291 », située dans un espace exigu, au 291 de la 5ᵉ Avenue, à Manhattan (ci-dessus), assure une fonction commerciale et surtout pédagogique, incarnée par Stieglitz lui-même. Ce lieu, hors du commun, qui connaît un véritable succès public, a modifié la façon d'exposer la photographie : caractère novateur de l'éclairage qui plonge le visiteur dans une lumière « douce et diffuse », relative sobriété de l'accrochage plus simple et moins serré que dans les traditionnels Salons, autant de partis pris encore aujourd'hui fréquemment adoptés.

Le Français Demachy était un des maîtres de la technique de tirage à la gomme bichromatée, à base de gomme arabique mélangée avec des couleurs pour l'aquarelle (ci-contre, *Symbolist Study*, vers 1900-1910). L'opération de tirage, effectuée sur des papiers forts, à gros grain, était l'occasion de nombreuses interventions manuelles et manipulations du négatif, accentuant la confusion entre photographie et œuvre graphique.

L'esthétique pictorialiste

Ce premier courant photographique international entretient de multiples affinités avec les principaux mouvements artistiques fin de siècle. Contemporain du symbolisme, il peut également, par sa volonté de décloisonner les arts et son intérêt pour diverses tendances, tel le japonisme, être rapproché de l'Art nouveau. Avec ces deux courants, il partage une même inquiétude de l'avenir, un même rejet de certains aspects du monde moderne, les mêmes références, parfois passéistes.

Le pictorialisme contient une ambiguïté profonde. Si ses protagonistes entendent faire reconnaître la photographie comme un art à part entière, c'est en empruntant son vocabulaire à d'autres disciplines – la peinture et les arts graphiques. Il y a bien un style pictorialiste, qui entend figer le temps, transformer l'instant de la photographie en tableau. Au moment où, dans les années 1880, la photographie découvre les vertiges de la vitesse, avec l'instantané,

À Taormine, entre 1880 et 1930, le baron Von Gloeden produit une œuvre singulière, réincarnant le monde antique, en des tableaux vivants à forte connotation érotique (ci-dessous). Ces images, tantôt vendues aux voyageurs ou aux touristes de passage, tantôt exposées, entretiennent des liens étroits avec certaines recherches pictorialistes et symbolistes.

les artistes pictorialistes lui opposent un monde statique, immobile, au temps suspendu. Dans un mouvement de recul, la photographie pictorialiste entend se libérer de sa fonction imitative.

Les sujets abordés par le pictorialisme européen – et dans une moindre mesure américain – des années 1890-1905 tournent délibérément le dos au monde moderne et contemporain : scènes historiques (Guido Rey et ses tableaux flamands ou antiquisants), mythologiques (Frederick Holland Day, Frank Eugene), religieuses (les crucifixions de Holland Day), études artistiques, nus. Les paysages, rarement urbains, malgré de rares essais de photographie de rue, exaltent la beauté de la nature sauvage (Anne W. Brigman) ou une certaine ruralité (Davison, Käsebier, Hofmeister). Les références picturales, souvent empruntées au courant symboliste (Carrière, Burne-Jones, Moreau, Whistler, Böcklin), y sont fréquentes.

Les techniques pictorialistes

Cette mise à distance du monde moderne s'exprime également dans la méfiance à l'égard de l'opération mécanique, et notamment des optiques modernes : utilisation d'objectifs spéciaux, dits d'artistes, pour obtenir des effets de flou subtil, mise au point volontairement imparfaite, vibration du pied de la chambre pendant l'exposition, recours à l'humidification des lentilles, choix de téléobjectifs

Vers 1900, Hambourg est le centre du pictorialisme allemand dont les frères Théodor et Oskar Hofmeister sont deux des figures les plus marquantes. Présentes dans la plupart des grandes expositions internationales, reproduites dans *Camera Work*, leurs images se caractérisent par un goût des techniques complexes, notamment la gomme bichromatée. Ici, à leur portrait de groupe se trouve adjoint un paysage d'un autre pictorialiste allemand, Muller (ci-dessus). Ce type de montage et d'encadrement était fréquent à l'époque.

qui aplatissent l'image, emploi de techniques primitives (le sténopé, photographie sans objectif) sont quelques-uns des trucs utilisés lors de la prise de vue.

Mais c'est généralement au tirage que l'intervention du photographe est la plus importante : travail du négatif, gratté et retouché, rapprochant l'image d'un cliché-verre, photomontage (combinaison de divers négatifs), procédé cher
à Robinson, et surtout utilisation fréquente de divers modes de tirage dits pigmentaires. Ces derniers (le charbon, la gomme bichromatée, les encres grasses) ont en commun de permettre une grande interprétation du négatif. Faisant intervenir la main, ils rapprochent le travail du photographe de celui du graveur ou du dessinateur : le pinceau, la brosse, l'aquarelle (gomme bichromatée), la peinture à l'huile (le report à l'huile) deviennent des instruments du photographe. Enfin le montage, souvent sur des cartons colorés et foncés, et l'encadrement, auxquels certains, tel Holland Day, accordent une importance particulière, font partie intégrante de l'œuvre finale.

Avant même l'arrivée sur le marché des premiers procédés de photographie en couleur, ces techniques engendrent des images colorées, qui rompent avec la monochromie photographique et confèrent aux épreuves des effets proches du pastel. Ce goût pour la couleur explique en partie la vogue que connut dans les cercles pictorialistes l'autochrome, premier procédé couleur industriel. Inventé par les frères Lumière en 1904 et lancé trois ans plus tard, ce procédé sur verre, à base de grains de fécule de pomme de terre, évoque, dans son rendu et sa

transparence, certains tableaux impressionnistes et néo-impressionnistes. Alfred Stieglitz et Edward Steichen l'essaient à l'été de 1907, et il triomphe l'année suivante au Salon de la Linked Ring Brotherhood. Engouement de courte durée : sa fragilité, sa relative lenteur, l'unicité de l'image obtenue, l'absence de possibilité de manipulation expliquent son abandon rapide par les cercles pictorialistes.

Du pictorialisme au modernisme

À partir de 1900, le mouvement pictorialiste européen, menacé d'académisme, entre en crise. En 1901, à Glasgow, l'exposition internationale de photographie pictorialiste est l'occasion d'une violente opposition entre deux courants : les pictorialistes français – et dans une moindre

Avec ce paysage enneigé (page de gauche), George Seeley, pictorialiste américain originaire de Boston, pousse sa composition presque jusqu'à l'abstraction : du paysage hivernal ne restent plus que les lignes sinueuses proches de celles de l'Art nouveau. Le recours à la gomme bichromatée ajoute au caractère antiphotographique de l'épreuve qui se rapproche davantage des pastels contemporains du belge Spillaert.

De l'autochrome, Steichen affirmait, dès 1907, qu'il s'agissait du « plus beau procédé que la photographie nous ait jamais donné pour traduire la nature ». Il fut d'ailleurs, en compagnie de Kühn (ci-contre, *Scène champêtre à Burgstall, Tyrol*, vers 1910), un des pictorialistes qui l'utilisa avec la plus grande habileté. Les grains colorés évoquaient la touche des impressionnistes et de leurs successeurs, quand la transparence rappelait celle des vues pour lanterne magique, également très prisées des cercles pictorialistes.

mesure anglais – défendant le maintien d'une ligne pictorialiste classique (travail sur l'épreuve, recours à des techniques de tirage sophistiquées, notamment la gomme bichromatée) et un courant germano-américain, partisan d'une nouvelle approche moins interventionniste. À compter de ces années, coïncidant avec la création de Photo-Secession (1902), le centre de gravité du mouvement se déplace outre-Atlantique : jusqu'à la fin des années 1910, c'est là que va s'affirmer l'évolution du mouvement, notamment grâce à l'action entreprise par Stieglitz, vers un second pictorialisme, plus moderne.

En ce début du XXe siècle, plusieurs voix s'élèvent au sein du mouvement pour réclamer une évolution, tant dans les pratiques que dans les sujets : le grand photographe anglais Frederick Evans se prononce pour une photographie dite pure, quand le critique allemand Mathies-Masuren réclame une conception plus moderne du regard et des sujets abordés. Quelque temps après, c'est au tour du critique Sadakichi Hartmann, très influent au sein du mouvement américain, de critiquer, dans *Camera Work*, les « Whistler de la photographie », et la subjectivité exacerbée dont certains font preuve.

Stieglitz, dont la pratique photographique personnelle s'est, depuis ses débuts, signalée par sa méfiance à l'égard des manipulations, se fait le champion de cette conception d'une photographie dite *straight* : pure, directe, non manipulée, en phase, dans les sujets comme dans l'approche, avec le monde contemporain urbain. L'intérêt de Stieglitz et, avec lui, de certains membres

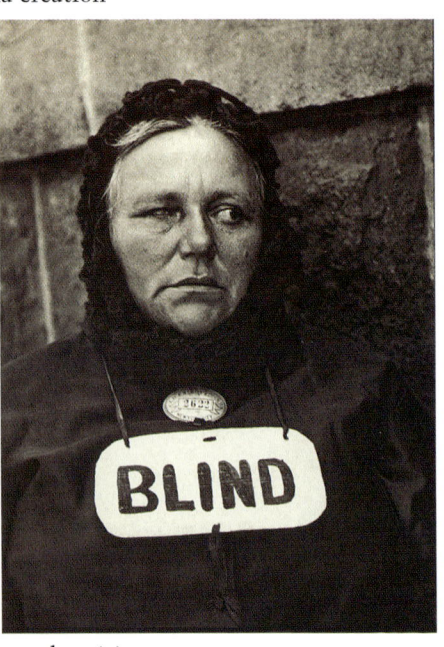

À la croisée des préoccupations sociales héritées d'un Lewis Hine, dont il a été l'élève, et des expériences formelles fortement marquées par le cubisme qu'il découvre au contact de Stieglitz, Strand livre, en 1916 et 1917, dans *Camera Work*, sa vision de New York et sa conception d'une photographie qui se doit d'être conforme à sa nature – objective et présentant, dans sa brutalité, l'énergie et la dureté de la ville moderne (ci-dessus, *Blind*, 1917).

À CONTRETEMPS : PICTORIALISMES 43

de Photo-Secession pour l'art moderne européen (notamment le cubisme) n'est sans doute pas étranger à cette évolution, comme l'atteste une de ses images les plus célèbres de cette période, *The Steerage* (1907). Cette conception s'incarne enfin pleinement, au milieu des années 1910, dans l'œuvre du jeune Paul Strand.

La perfection formelle du *Steerage* (1907, ci-dessus) ne fut perçue par son auteur, Stieglitz, que quelques années après la prise de vue, sans doute au contact des recherches de l'art moderne naissant.

Présentées dans les colonnes du dernier numéro de *Camera Work*, comme sur les cimaises de la galerie 291, les images de Strand révèlent un « vocabulaire direct, dénué de toute fioriture », cette « expression directe d'aujourd'hui » qui signe définitivement le passage du pictorialisme au modernisme.

Les prolongements du pictorialisme

Si le pictorialisme, comme mouvement international d'avant-garde, prend bien fin vers 1910 (il se poursuit, en Europe comme aux États-Unis, sous des formes plus académiques, jusque dans les années 1930), son influence se prolonge au-delà de la seule figure de Stieglitz, et irrigue d'autres aspects du modernisme. Deux de ses membres britanniques les plus influents, Malcolm Arbuthnot et surtout Alvin Langdon Coburn, rejoignent ainsi, en 1914, le groupe Vortex, qui réunit quelques artistes d'horizons divers (l'écrivain Ezra Pound, le sculpteur Henri Gaudier-Brzeska, le peintre Wyndham Lewis) autour de la revue *Blast*.

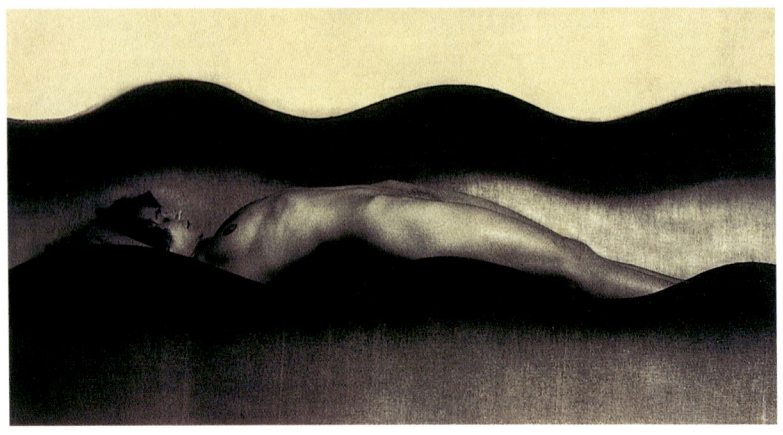

Sans aller jusqu'à l'abstraction des « vortographes » d'un Coburn (ci-dessus), Drtikol (ci-dessous) sut, dans les années 1920, renouveler son inspiration initiale en la nourrissant d'influences Art déco.

C'est dans ce contexte que Coburn conçoit les « vortographes », premières photographies abstraites réalisées sans objectif.

Dans un esprit moins radical, une autre figure importante du mouvement, Clarence H. White, défend, après 1910, un modernisme assagi, qui s'exprime notamment, à travers la création, en compagnie de Kasebier et Coburn, des Pictorial Photographers of America et surtout à travers l'ouverture, en 1914, à New York, avec le peintre Max Weber, d'une école, la Clarence H. White School of Photography. L'établissement devient, jusqu'à sa fermeture en 1942, le principal lieu d'enseignement d'une photographie appliquée, d'un classicisme modernisé, qui connaîtra, via les travaux de quelques-uns de ses élèves, Paul Outerbridge, Ralph Steiner, Margaret Bourke-White, ou encore Dorothea Lange, un beau succès dans l'Amérique de l'entre-deux-guerres. Enfin, pour d'autres, tel Steichen, c'est l'expérience de la guerre – et plus particulièrement pour ce dernier la pratique de la photographie documentaire, notamment aérienne – qui détermine en partie l'évolution vers un langage photographique plus direct.

Fondateur de la revue *Koga* (1932), Yasuzo Nojima est, au Japon, une figure essentielle de la reconnaissance de la photographie comme discipline artistique. Entamée dès 1907, son œuvre personnelle, remarquable, accompagne la mue de la photographie, du pictorialisme des débuts à une esthétique plus moderne dans les années 1930 (ci-dessus).

De la fin du XIXe siècle aux années 1930, la photographie s'implante progressivement et massivement dans la presse. La période voit alors naître un genre, celui du photoreportage et une figure, celle du photoreporter.

CHAPITRE 3
L'ESSOR DU PHOTOJOURNALISME

Contemporain de l'essor de la presse illustrée de photographies (ci-contre), le « reporter pressé » imaginé par Umbo en 1926 (page de gauche), est l'incarnation de l'homme nouveau, issu de la civilisation de la machine : son œil est ici, d'ailleurs, prolongé par un appareil photographique moderne – un Ermanox.

Les procédés photomécaniques

À partir des années 1890, les progrès réalisés dans le domaine des procédés d'impression photomécaniques permettent aux journaux d'accorder une place plus grande à l'image photographique. Jusqu'aux années 1880, les techniques utilisées (photolithographie, photoglyptie, héliographie) nécessitaient une presse et un papier spéciaux, différents de la composition typographique, procédé à la fois complexe et coûteuse. Les revues, peu nombreuses, proposant des photographies dans des domaines souvent liés aux arts, le faisaient en général à titre exceptionnel, sous forme soit de tirages collés (en couverture notamment), soit de cahier ou de planches hors texte.

Avec la mise au point de la similigravure – procédé de gravure en relief –, l'image photographique va s'intégrer définitivement à la chaîne de la reproduction directe et mécanisée. Divers procédés sont mis au point et testés entre 1870 et le début des années 1880 (Gustaf Vilhelm Carleman en Suède, Charles Guillaume Petit en France, Frederick Ives aux États-Unis, Georg Meisenbach en Allemagne). Ceux-ci permettent, de manière encore imparfaite parfois, d'associer, sur du papier journal ordinaire, images et textes.

Si le *New York Daily Graphic* est le premier quotidien à utiliser la similigravure de manière ponctuelle dès 1880, rares sont ceux qui lui emboîtent le pas. Les revues hebdomadaires (*Leslie's Weekly*, *Illustrated London News*, *Illustrierte Zeitung*, *Le Monde illustré*) y ont un peu plus fréquemment recours et de manière parfois massive,

comme en témoignent les véritables séquences photographiques publiées par *Le Monde illustré* (interview du savant Chevreul par Nadar, 1886) ou *Illustrierte Zeitung* (manœuvres impériales à Hambourg, par Ottomar Anschutz, 1884) – ancêtres du reportage photographique. En 1889 enfin, *Paris illustré* présente à l'Exposition universelle des exemples de similigravure en couleur. Suivant ce principe, des autochromes seront d'ailleurs publiés dans la presse dès 1907, et de manière régulière par nombre de périodiques (*L'Illustration*, *National Geographic*) jusque dans les années 1930.

En 1887, le patron américain de la presse grand public, William Randolph Hearst, pouvait déjà constater que les « illustrations embellissent la page, elles attirent le regard et stimulent l'imagination des masses, aident à la compréhension un lecteur peu habitué et sont donc d'une importance primordiale pour le type de lectorat

Ce n'est toutefois qu'à la charnière du XIXe et du XXe siècle que l'image photographique commence à s'imposer régulièrement dans la presse illustrée, tant dans les quotidiens (*New York Tribune*, 1897 ; *Chicago Tribune*, 1900 ; *Le Matin*, 1902 ; *Daily Mirror*, 1904 ; *Excelsior*, 1910) que dans les revues. Les progrès de la similigravure favorisent l'éclosion des premiers magazines photographiques généralistes (*Berliner Illustrierte Zeitung*, 1891) ou spécialisés (*La Vie au grand air*, 1898, revue de sport très marquée par l'esthétique de l'instantané amateur).

auquel nous nous adressons ». Si la presse américaine est la première à recourir massivement à la photographie, l'inventivité de la mise en page se retrouve davantage au sein de la presse européenne, allemande et française, notamment (ci-dessus, double page de *La Vie au grand air*, août 1908).

Encore modeste avant guerre, cette place dans les quotidiens devient remarquable dans l'entre-deux-guerres. À la fin des années 1930, *Excelsior* publie environ 35 clichés par jour, conforme en cela à la moyenne des principaux quotidiens américains.

Si la similigravure n'est pas le seul procédé photomécanique utilisé, elle demeure le plus courant. L'héliogravure, adaptable à la presse à partir du milieu des années 1890, se développe parallèlement. Plus raffinée, plus coûteuse et plus complexe à maîtriser que la similigravure, elle est adoptée par une presse particulièrement soucieuse de la qualité des images proposées : des revues d'art (de *Camera Work* à *Arts et Métiers graphiques*), mais aussi des revues généralistes l'emploient régulièrement (*L'Illustration*, *Le Miroir*) ou sous forme de suppléments exceptionnels.

C'est en partie à l'aide d'un appareil photographique dissimulé qu'Arnold Genthe réalise, au début du XXe siècle, un reportage photographique sur la communauté chinoise de San Francisco. Lorsqu'il le publie en 1908 (à gauche), deux ans après le terrible tremblement de terre de San Francisco, le vieux Chinatown n'existe déjà plus. De même, Lewis Hine photographie subrepticement le travail illégal des enfants, mais dans une dimension politique et sociale, dénonçant, comme dans ce montage (ci-dessous), un système organisé qui transforme les enfants en « déchets humains ».

Naissance du photojournalisme moderne

Le développement de la photographie de presse est également lié aux nouvelles possibilités introduites par la photographie au gélatino-bromure d'argent. La discrétion du photographe et la mobilité dont il bénéficie à partir des années 1880-1890, lui permettent d'utiliser la photographie comme un nouvel outil d'investigation.

Au tournant du siècle, le reportage à contenu social, tel que pratiqué par Arnold Genthe (*Pictures of Old Chinatown*, 1908) et surtout Jacob Riis

et Lewis Hine, est l'un des premiers à manifester certains traits du photojournalisme moderne : une pratique amateur (Riis est journaliste, Hine enseignant), une dimension d'investigation (photographie au flash [Riis], ou en cachette [Hine]), couplées à un engagement réformiste. Journaliste judiciaire au *New York Tribune*, Riis entreprend, à partir de 1887, de photographier les taudis et la misère new-yorkais. Publiées dans des revues (*Scribner's Magazine*) et sous forme d'ouvrage (*How the Other Half Lives*, 1890), ses images ont contribué à promouvoir une série de réformes sociales au début du XXe siècle. Lewis Hine, quant à lui sociologue de formation, s'attache, à partir de 1905, à décrire par la photographie le sort des immigrants puis, de 1908 à 1918, le travail des enfants, agençant ses clichés en photomontages ou en récits photographiques qui évoquent certains essais photographiques des années 1920.

Comme l'indique son titre, *How the Other Half Lives* s'adresse aux classes privilégiées, auxquelles Jacob Riis entend révéler par la photographie (et le dessin au trait) la réalité des conditions de vie dans les taudis du Lower East Side de New York (ci-dessus). Si les images, où l'usage du flash est récurrent, semblent révéler une réalité brute et objective, les textes qui les accompagnent, rédigés par Riis lui-même, ne sont pas exempts de bien des préjugés de l'époque.

Les conflits armés ont également joué, au tout début du XXe siècle, un rôle majeur dans l'essor de la photographie de presse et la constitution de cette figure, appelée à devenir mythique, du photoreporter de guerre : « On conçoit qu'ici le reporter photographe touche presque au sublime », peut-on lire, en 1910, à propos de la photographie de guerre. Le conflit hispano-américain à Cuba, celui des Boers ou la guerre russo-japonaise de 1905 ont été l'occasion pour certains journaux d'envoyer des correspondants, parfois photographes, tel Jimmy Hare du *Collier's Weekly*, reconnu comme un des premiers véritables photographes de guerre.

Signe de son nouveau statut, la photographie de presse est strictement encadrée pendant la Première Guerre mondiale. La période s'avère peu propice au photoreportage, la plupart des nations belligérantes étant souvent les seules productrices autorisées d'images. En France, par exemple, seuls peuvent réaliser des prises de vue au front les quelque soixante opérateurs du service photographique et cinématographique des armées (1915). La censure est stricte et le rôle du photoreporter réduit, même si quelques agences parviennent à diffuser leurs propres clichés. L'hebdomadaire *Le Miroir* annonce, en 1916, « payer n'importe quel prix » des documents photographiques relatifs au conflit. Mais, censure oblige, les clichés publiés seront dépouillés de tout détail trop horrible.

Très utilisées par l'armée à des fins de propagande comme à des fins militaires, les photographies de guerre demeurent limitées dans la presse. Consciente que, comme l'affirme le journaliste Jules Claretie, « le vrai peintre de la guerre et le plus féroce d'entre tous c'est le Kodak », l'armée encadre de manière vigilante leur parution, faisant de ce type d'image une exception (ci-dessus, vue des tranchées de la Somme, octobre 1916).

La transmission des images

Jusqu'à l'entre-deux-guerres, la question de l'actualité des photographies, notamment pour les quotidiens, demeure cruciale. Comment obtenir dans les délais nécessaires à l'impression des documents photographiques pertinents pour un événement lointain ? Le problème n'est pas tant de prendre le cliché que de le transmettre à temps, ce qui oblige à recourir à des solutions de fortune (envoi par la poste) ou à des opérations coup de poing. C'est ainsi qu'en 1897 le grand patron de presse américain William Randolph Hearst affrète un train spécial pour faire revenir dans les meilleurs délais, de Carson City à San Francisco, les photographies du combat de boxe Corbett-Fitzsimmons.

En 1907, le Français Édouard Belin, s'appuyant sur les recherches menées par l'Allemand Arthur Korn dès 1904 sur la transmission par téléphone des images photographiques (téléphotographie), met au point le bélinographe. Celui-ci permet, en se branchant sur un fil téléphonique ou télégraphique, de transmettre un cliché en quelques minutes. L'utilisation du bélinographe ou d'autres systèmes conçus dans les années 1920 (système anglais Bartlane, système allemand Siemens-Karolustelefunken) demeure toutefois délicate pendant l'entre-deux-guerres, les images reçues étant souvent de faible qualité.

Les révolutions de la presse de l'entre-deux-guerres

À la génération des magazines des années 1895-1910 qui utilisaient massivement la photographie comme illustration succède, dans les années 1920 et surtout 1930, celle des revues qui reposent

Le 12 mai 1914, *Le Journal* publie la première photographie de reportage transmise par bélinographe, représentant l'arrivée du président Poincaré à Lyon. Perfectionnant son invention pendant de longues années, Belin finit par mettre au point, au début des années 1930, une valise-bélinographe pesant 17 kilos (en bas), à l'aide de laquelle tout reporter est censé pouvoir désormais transmettre des clichés d'une certaine qualité (ci-dessous).

véritablement sur l'image photographique : l'Allemagne de Weimar est au cœur de ce processus, avec notamment la *Berliner Illustrierte Zeitung* (*BIZ*). Fondée par les frères Ullstein dès 1891, *BIZ* est, dans les années 1920, la principale revue utilisant la photographie en Europe, tant sur le plan du lectorat (2 millions d'exemplaires en 1930) que de la qualité des photographes (Salomon, Munkácsi…). On pourrait y ajouter *Die Dame*, *Uhu* et la *Munchner Illustrierte Zeitung* (1923), sa rivale bavaroise.

S'inspirant des publications allemandes et notamment de *BIZ*, le magazine *Vu* sort en France en 1928. Fondé par Lucien Vogel et tirant à 300 000 exemplaires, il demeure, tout au long des années 1930, remarquable pour la qualité des photographies et l'imagination de la mise en page. Après 1933 et l'arrivée au pouvoir de Hitler, nombre de réfugiés allemands ou d'autres nationalités, notamment hongrois (Lorant, Munkácsi, Capa…), sont à l'origine du lancement de revues bâties autour de la photographie, tant en Europe (*Weekly Illustrated* [1934] et *Picture Post* [1938], fondé par Stefan Lorant et Felix Mann) qu'aux États-Unis, avec *Life* (1936).

Bénéficiant des conseils d'anciens de *BIZ*, *Life*, fondée par Henry Luce, grand homme de presse, déjà directeur de *Fortune* Dès leur création, *Vu* comme *Life* jouent de la photographie en première page avec un même souci d'efficacité visuelle, mais dans des directions différentes. *Life*, dès son premier numéro (23 novembre 1936), choisit de ne présenter qu'un cliché – celui du barrage Fort Peck dans le Montana, par Margaret Bourke-White, ci dessous –, mis en page avec sobriété, dans la lignée d'une certaine tradition américaine. *Vu*, en revanche, plus influencé par la presse allemande, joue la carte du photomontage, des jeux typographiques et de la couleur, parfois jusqu'à la saturation (à gauche).

et *Time*, devient, notamment, pendant la Seconde Guerre mondiale, une des principales revues photographiques. « Le livre d'images du monde », comme se plaît à la définir son patron, centré autour de la «*picture story*» – l'essai photographique d'une douzaine de clichés –, ne cessera, jusque dans les années 1960, d'étendre son lectorat. Enfin, signe de l'impact de telles revues, sont créés, sur leur modèle, des magazines populaires, engagés politiquement : en Allemagne c'est *AIZ* (*Arbeiter Illustrierte Zeitung*, 1921), journal de sensibilité communiste, qui publie régulièrement les photomontages antifascistes de John Heartfield, tandis qu'en France, il faut citer *Regards* (1932).

Tous ces magazines utilisent la photographie de manière moderne et accordent une place importante à la mise en page : « Restez informés, 200 clichés, 1 001 faits », comme l'affirme le slogan publicitaire de l'un d'entre eux, l'américain *Look*. Désormais, le cliché photographique transmet et construit l'information en lieu et place du texte. Comme le remarque le directeur de *Life*, l'essai photographique remplace dorénavant l'essai écrit. Par la mise en relation des images à l'aide de montages, dans la page ou en séquence, et des légendes assorties, naît le reportage photographique moderne ou photoreportage. Narratif, il s'inspire très largement de la forme cinématographique – le nouveau modèle de ces magazines. Ainsi, selon Lucien Vogel, *Vu* doit être « animé comme un beau film ». Autre forme de

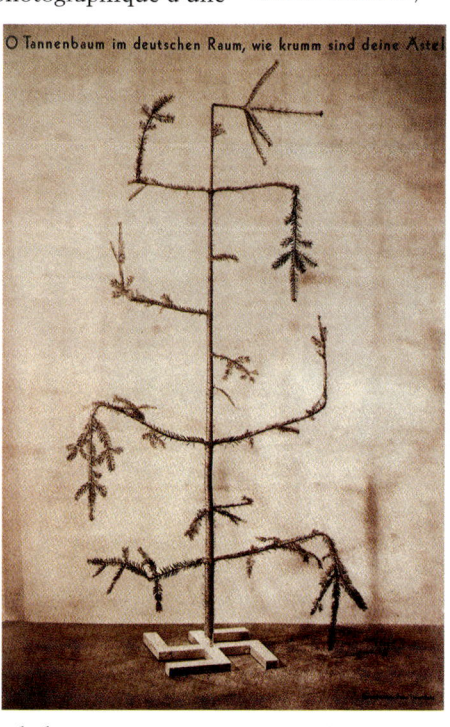

Figurant parmi les dadaïstes berlinois les plus en vue, Heartfield, qui prônait l'utilisation de la photographie « comme une arme », a essentiellement pratiqué le photomontage dans une perspective antibourgeoise et révolutionnaire. De 1930 à 1938, il met son art du montage au service de la revue d'extrême-gauche, allemande, *AIZ*, créant des photomontages proches de la caricature, dont la cible principale, dans ces années-là (ci-dessus, en 1934), est le régime nazi.

montage d'images, le photomontage produit un type de discours différent : non plus une description de la réalité sous une forme narrative, mais bien une analyse de cette dernière et de ses composantes, par le biais d'un processus de déconstruction/reconstruction. Il devient, à partir des années 1930, le principal vecteur du discours politique et de la propagande.

L'importance accordée au montage et au graphisme consacre une nouvelle figure majeure de la presse illustrée, celle de l'éditeur ou du directeur artistique. « Quand on regardait les pages d'un hebdomadaire illustré des années 1920, on reconnaissait instantanément le style de l'éditeur », se remémorera le photographe Edward Steichen, avant d'ajouter : « Il était le seul arbitre. » Alexandre Liberman pour *Vu*, Stefan Lorant pour *BIZ*, *Picture Post* ou *Weekly Illustrated*, ou dans un domaine plus spécialisé, Alexandre Brodovitch pour *Harper's Bazaar* et *Vogue* sont quelques-unes des personnalités les plus marquantes de la profession.

Brodovitch (ci-dessous), avec Liberman et quelques autres, est emblématique du rôle majeur joué par ces hommes de l'ombre que sont les directeurs artistiques. Russe émigré aux États-Unis, peintre autodidacte, photographe occasionnel, Brodovitch fut, entre 1934 et 1958, le directeur artistique de la revue *Harper's Bazaar*.

Très sensible aux mouvements modernistes de la période, il contribue à faire évoluer la pratique de la photographie de mode ainsi que le graphisme des revues, influençant nombre de jeunes photographes de l'après-guerre, de Penn à Avedon.

Photoreporter : un métier en évolution

Corollaire de cette inflation de la demande, la multiplication des agences photographiques de presse, favorisée par un certain désintérêt des grandes agences historiques. (À cette période, seule Associated Press se dote d'un service photographique, en 1935.) De ces nouvelles agences les principales ont pour nom, en Allemagne, Weltrundschau ou Dephot (1928), qui emploie quelques-uns des plus talentueux photographes de la période (Felix Mann, Umbo). Keystone, à New York, reprise et restructurée dans les années 1920 par le Hongrois Garai, ouvre des succursales à Berlin, Paris et Londres. Comme pour la création des revues, l'afflux de réfugiés en provenance d'Europe de l'Est et d'Allemagne est déterminant pour la fondation de certaines structures plus artisanales, à l'initiative desquelles on trouve parfois les photographes eux-mêmes : Rapho, ouverte à Paris par les Hongrois Brassaï, Rado et Landau, ou Alliance Photo, regroupée autour de la réfugiée allemande Maria Eisner, ou encore, à New York, Black Star (1936), créée par Kurt Safranski, ancien de *BIZ*, et très liée à *Life*.

Par ailleurs, d'autres structures, comme des ateliers de photographie, proposent leurs services à la presse. À Paris, le Studio Henri Manuel crée, en 1910, un service de presse – l'Agence universelle de reportage Henri Manuel –, pour distribuer ses très nombreux portraits de célébrités.

Kertész, dans les années 1920 et 1930, est un exemple parfait de ces photographes qui ne mettent aucune frontière entre œuvre personnelle et œuvre de commande. Dès son arrivée à Paris en 1925, il fait de la photographie son gagne-pain (ci-dessus, sa carte de presse) et travaille en indépendant pour de nombreuses revues, allemandes ou françaises, grand public (*Vu*) ou d'avant-garde (*Minotaure, Bifur*). Ces années parisiennes, marquées par le foisonnement de nouvelles agences et journaux (agence parisienne de Keystone), représentent assurément pour la pratique photographique un âge d'or.

KEYSTONE
PHOTOGRAPHIE TOUT... PARTOUT...

Quant aux journaux et revues, certains ont leur propre équipe de photographes, tel *Life* qui, dès 1936, s'attache les services de quatre photographes, dont Margaret Bourke-White.

Profitant de cet engouement pour l'image photographique, la figure du photoreporter s'affirme : au photoreporter du début du siècle, pratiquant une photographie proche du milieu amateur dont il est souvent issu, se substitue, au cours des années 1920, le photoreporter archétype du photographe moderne : sportif, artiste et expérimentateur. En 1929, la revue allemande *Uhu* peut consacrer un reportage à ces nouveaux aristocrates du reportage sous le titre : « Une nouvelle confrérie d'artistes, les photographes, ouvrent des horizons nouveaux. » Ces perspectives inédites se déploient, entre autres, grâce aux progrès techniques intervenus dans les appareils : l'arrivée notamment du Leica et de l'Ermanox, qui apportent davantage de souplesse dans l'acte photographique et permettent une extension du champ des sujets abordables.

Dans les années 1920, les reporters utilisent non pas les petits appareils amateur, trop déficients techniquement, mais des appareils de type Folding qui permettent d'obtenir des négatifs d'assez grandes dimensions, publiables sans recours à l'agrandissement. Ce type d'appareil est bientôt concurrencé par des appareils de plus petites dimensions : le Leica (en bas), inventé par Oskar Barnack et lancé en 1925, utilise des rouleaux de film 35 mm autorisant 36 poses à la suite sans recharger. Son mécanisme, comme son objectif et son viseur, en font le véritable appareil moderne : rapide, mobile, incisif, mettant en adéquation l'œil et la main ; l'Ermanox, introduit en 1924, utilise des négatifs verre de petites dimensions mais son gros objectif, très lumineux, et son obturateur à rideau permettent d'obtenir, dans des conditions difficiles, des images sans recours au flash. Tous deux font la réputation d'Erich Salomon, qui incarne alors l'avènement d'une pratique nouvelle du photoreportage, avec ses instantanés du monde de la politique et du spectacle, volés sur le vif (en haut, Aristide Briand, le ministre des Affaires étrangères, pointe du doigt le photographe indiscret qui s'est infiltré au quai d'Orsay à Paris, 1931).

Diversité du reportage

Le terme de photoreportage a connu une grande vogue dans les années 1930, 1940 et 1950. Le genre a été pratiqué par la plupart des grands photographes de l'entre-deux-guerres, souvent sur commande, avec des outils et des préoccupations très divers. Sous l'appellation, ont été parfois regroupées sans discernement des pratiques documentaires fort variées. Au sens strict du terme, il faut pourtant l'entendre comme un ensemble de clichés pris autour d'un sujet donné, dans un temps circonscrit, et dans une perspective le plus souvent narrative. On l'a souvent assimilé à la pratique de l'instantané : l'archétype en est, à la fin des années 1920, l'instant volé d'Erich Salomon ; il devient, vingt ans plus tard, l'instant décisif d'Henri Cartier-Bresson, soit « dans un même instant, la reconnaissance simultanée de la signification d'un fait et de l'organisation rigoureuse des formes perçues visuellement qui expriment et signifient ce fait ».

La constitution d'archives photographiques du monde contemporain est une préoccupation récurrente, depuis la fin du XIXᵉ siècle. Le banquier Albert Kahn, estimant qu'une meilleure connaissance du monde favoriserait la paix, lance la réalisation des « Archives de la planète » (ci-dessus, en Chine) : un ensemble de 72 000 autochromes et 170 000 mètres de film entre 1910 et 1931. [Double page suivante : double page de *Vu*, 29 septembre 1936, photoreportage de Robert Capa sur la guerre civile en Espagne.]

COMMENT
ILS
SONT TOMBÉS

LA GUERR

Le jarret vif, la poitrine au vent, fusil au poing, ils dévalaient la pente couverte d'un chaume raide. Soudain l'essor est brisé, une balle a sifflé — une balle fratricide — et leur sang est bu par la terre natale...

PHOTOS CAPA

CIVILE EN ESPAGNE

COMMENT ILS ONT FUI

Telle une scène calquée sur la Bible, la vision de ces trois fugitives au visage douloureux évoque les exodes tragiques de l'Ancien Testament. PHOTO CAPA

Longeant les rails infinis, les enfants, insoucieux, croient à une promenade joyeuse, mais leur mère, d'un long regard, contemple une dernière fois le village embrasé. PHOTO REISNER

C'est la migration du peuple d'une province tout entière, au pas lent des mulets lourdement chargés, parmi les cris des enfants, sous le dur soleil. PHOTO CAPA

Peut-être vivaient-ils heureux, peut-être coulaient-ils des jours paisibles dans un calme village... La guerre civile est venue et avec elle le désespoir, l'écroulement d'un foyer dans la misère. CAPA

Solitaire, les larmes coulant sans bruit sur ses joues, cette pèlerine emporte avec elle tout son humble bien. PHOTO CAPA

Pourtant, si, à l'instar de Cartier-Bresson, Capa, Salomon, Weegee ou même Kertész, malgré leurs immenses différences d'approche et de tempérament, partagent cette recherche de l'instant parfait, pris sur le vif, le poids toujours plus fort de la « *picture story* » pousse, à la fin des années 1930, notamment aux États-Unis, à instaurer d'autres pratiques plus formatées, jusqu'à prôner et à utiliser la « mise en scène dans les récits photographiques ».

En 1930, Cartier-Bresson quitte la France pour la Côte-d'Ivoire, où il restera un an, vivant de petits boulots, coupeur de bois puis chasseur de brousse. C'est là qu'il réalise ses premières photographies de voyage (ci-dessus), à l'aide d'un vieil appareil acheté avant son départ. Bien que prises dans des conditions difficiles, avec un matériel imparfait, ces images révèlent déjà son instinct réfléchi du cadrage, et son attention pour les hommes, principal sujet de ses clichés. Trop épars pour être qualifiés de reportage, ces clichés sont davantage un journal de bord.

La frontière entre saisie sur le vif et composition est souvent ténue dans le reportage des années 1930 et 1940. On sait que Brassaï et, dans une moindre mesure, Bill Brandt ont eu parfois recours à la mise en scène, dans certaines de leurs séries « documentaires » les plus célèbres (*A Night in London* de Brandt par exemple). Certaines des images parmi les plus connues de Robert Capa, tel le milicien républicain tué, photographie prise durant la guerre d'Espagne, ont également suscité nombre d'interrogations.

Le photographe engagé

Cependant, de tous les types de photoreportage pratiqués dans les années 1920 et 1930, c'est incontestablement celui de guerre qui a le plus marqué les esprits : avec la guerre d'Espagne, et dans un climat de fort engagement antifasciste, *Vu*, *Life* ou l'hebdomadaire de gauche *Regards* publient régulièrement des reportages de Namuth, Seymour, et surtout des Hongrois Robert Capa et Gerda Taro, sa compagne, qui devait connaître une fin tragique : autant de photographes politiquement engagés

L'ESSOR DU PHOTOJOURNALISME 63

– certains sont membres de l'AEAR, association des artistes et écrivains révolutionnaires –, qui combattent pour la vérité et proposent une vision militante, fondée sur l'émotion et la proximité du témoin.

En 1938, *Picture Post* salue en Capa « le plus grand photographe de guerre au monde », dont le credo maintes fois répété est : « Si tes photos ne sont pas assez bonnes, c'est que tu n'es pas assez près. » La Seconde Guerre mondiale, sur tous les fronts, mettra en avant ces figures et d'autres (Margaret Bourke-White, Eugene Smith, Dimitri Baltermants, George Rodger), dont beaucoup seront partie prenante, en 1947, dans la formation de Magnum – agence photographique sur le modèle coopératif qui, autour de Capa, Seymour, Cartier-Bresson et George Rodger, réunit une aristocratie du reportage et dont la création marque bien le triomphe d'une certaine photographie de presse.

Avant de devenir, au sein notamment de la revue *Ogonyok*, « l'œil de la nation » dans l'Union soviétique de l'après-guerre, Baltermants fut un des plus grands photographes de la Seconde Guerre mondiale, dont il a suivi, de 1940 à 1945, les grandes batailles du front oriental. C'est en Crimée qu'il a réalisé cette image au réalisme tragique, intitulée *Douleur* (ci-dessous). Ce cliché, aujourd'hui un de ses plus célèbres, mais peu conforme à l'esprit de propagande qui animait les années staliniennes, dut attendre 1965 avant d'être diffusé.

Futurisme, dadaïsme, constructivisme, Nouvelle Objectivité, surréalisme… : la photographie dans l'entre-deux-guerres devient un des médiums privilégiés des mouvements d'avant-garde qui saluent en elle l'avènement d'une nouvelle vision.

CHAPITRE 4
NOUVELLES VISIONS

Dans des perspectives très différentes, Dali (à gauche) comme Sheeler (ci-contre) installent, dans l'entre-deux-guerres, la photographie au cœur de leur processus pictural. Le premier célèbre la valeur « antiartistique » du médium et son pouvoir de révélation d'une sur-réalité. Le second, à la fois peintre et photographe, a recours, de manière toujours plus systématique et souvent très fidèle, à ses propres photographies dans l'élaboration de ses toiles.

Un langage moderne

« La photographie a tous les droits – et tous les mérites – nécessaires pour que nous nous tournions vers elle comme vers l'art de notre temps », affirme, en 1934, l'artiste soviétique Rodchenko. Au lendemain de la Première Guerre mondiale, sur les ruines du monde ancien, la photographie s'inscrit parmi les moyens d'expression qui, en rupture avec le passé, doivent permettent de mettre en place un langage nouveau. Rapide, précise, mobile, mécanique, reproductible et longtemps tenue à distance des beaux-arts, elle possède toutes les qualités pour incarner pleinement la vision moderne. Dès 1921, le dadaïste Raoul Hausmann souhaite une « éducation de l'œil par l'optique mécanique », insistant sur le fait qu'« un nouveau type de connaissance optique est à notre portée ».

Dans l'entre-deux-guerres, la photographie est présente au sein de la plupart des mouvements d'avant-garde. La plus grande exposition de photographies modernistes organisée à cette période (*Film und Foto [Fifo]*, Stuttgart, 1929) est représentative, dans sa diversité, de la multitude des sensibilités alors réunies sous la bannière de la Nouvelle Vision. On y trouve des constructivistes russes (Aleksandr Rodchenko, Gustav Klucis, El Lissitzky), des Américains proches de la « *straight photography* » (Paul Strand, Charles Sheeler, Alfred Stieglitz), des photographes, allemands pour la plupart, très attachés à une pratique expérimentale (Umbo, Florence Henri et le groupe du Bauhaus, Kurt Schwitters), d'autres liés à la Nouvelle Objectivité (Albert Renger-Patzsch, Walter Peterhans), quelques compagnons de route du surréalisme (Man Ray, Maurice Tabard, Brassaï,

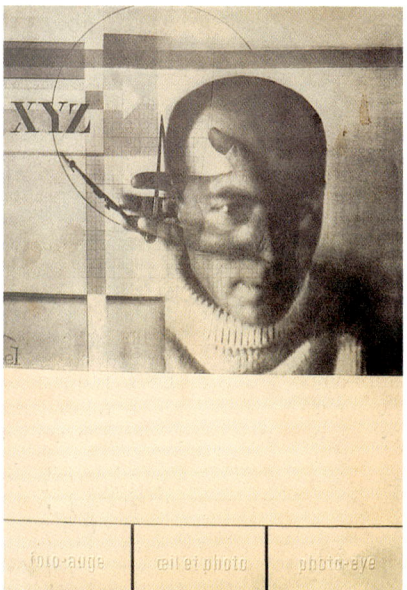

Rédigé par Franz Roh et Jan Tschichold, l'ouvrage *Foto-Auge* apparaît comme un manifeste de la Nouvelle Vision prônée par Moholy-Nagy. La couverture, élaborée par Tschichold à partir d'un photomontage de Lissitzky (ci-dessus), reprend l'idée de l'artiste-ingénieur, et de la parfaite osmose entre l'œil, la main et l'outil. Mêlant expérimentations artistiques, clichés scientifiques et photographie appliquée, exaltant les travaux des amateurs, l'ouvrage se situe bien dans la lignée définie par Moholy-Nagy.

NOUVELLES VISIONS 67

Eli Lotar), voire des photographes professionnels mondains (Edward Steichen et Cecil Beaton). Si ces artistes utilisent la photographie dans des perspectives différentes et parfois contradictoires, leur intérêt commun témoigne d'une même croyance dans ses potentialités nouvelles.

« Peinture, photographie, film »

De toutes les figures de cette Nouvelle Vision, c'est l'artiste hongrois László Moholy-Nagy, organisateur de *Fifo*, qui en apparaît comme le principal théoricien, notamment à travers son ouvrage *Malerei, Fotografie, Film* (1925). Moholy-Nagy part d'un constat, commun à la plupart des avant-gardes de la période, notamment constructivistes, qui est celui du nécessaire dépassement des formes

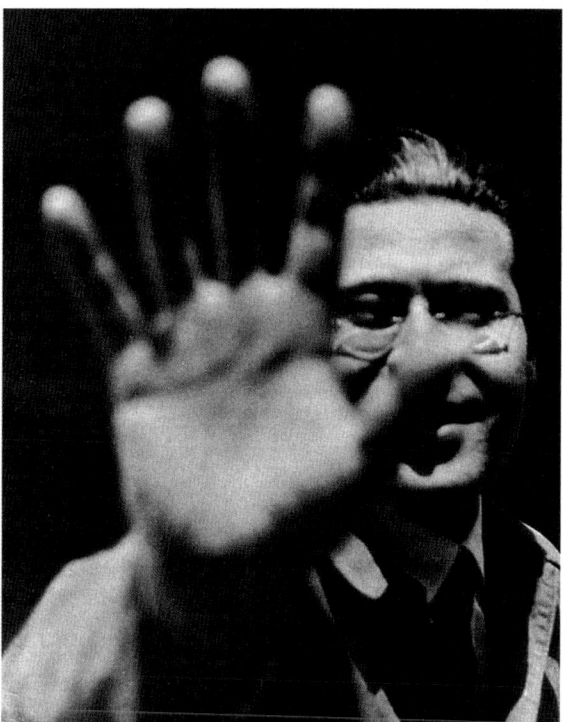

Organisée à Stuttgart en 1929, et présentée successivement à Munich, Dantzig, Berlin, Vienne, Zurich, Tokyo et Osaka, l'exposition *Film und Foto* (ci-dessus, le dépliant) marque la reconnaissance internationale du courant de la Nouvelle Vision. Outre Moholy-Nagy (ci-contre), elle bénéficie de l'apport de diverses figures majeures de la Nouvelle Photographie : pour la présentation, du graphiste allemand Jan Tschichold, mais également, pour les sélections nationales, de divers photographes étrangers : El Lissitsky (URSS), probablement Man Ray (France). Apogée de la Nouvelle Vision, l'exposition signifie paradoxalement aussi la fin d'une époque, celle des expérimentations en tous genres menées depuis le début des années 1920.

traditionnelles – et rebattues – de l'art. Abandonnant la « représentation » – modèle mimétique hérité de la peinture –, le photographe-ingénieur doit se tourner vers la « production » de nouveaux effets et de nouvelles formes, étroitement en accord avec la révolution technologique. « Nous devons tenter d'exploiter à des fins productives les appareils qui, jusqu'alors, n'avaient été utilisés qu'à des fins reproductives. » En rupture complète avec le pictorialisme passé, Moholy-Nagy prône une réconciliation avec l'opération mécanique et chimique, pour développer un véritable langage photographique fondé sur les spécificités intrinsèques du médium : une « mise en forme » de la lumière, élément central de l'art photographique.

Ce faisant, Moholy-Nagy propose une définition ouverte de la Nouvelle Vision, englobant de très diverses méthodes expérimentales de fabrication de l'image : images sans appareil (photogrammes), images avec appareil, dictées par des lois nouvelles (points de vue dynamiques – plongées, contre-plongées – rendus possibles par les nouveaux appareils portables…), enfin ce qu'il nomme la photoplastique – photomontages, collages, surimpression…

Ces méthodes expérimentales ne sont par ailleurs pas circonscrites au champ de l'art : on les retrouve pleinement appliquées dans la photographie scientifique (les rayons X, la photographie astronomique et microscopique) qui utilise au mieux les capacités de la surface photosensible et contribue ainsi à la révélation d'une autre réalité, dans les vues aériennes ou certaines images amateurs. Désormais, affirme Moholy-Nagy, « ce sont les propres lois de la photographie et non l'opinion des critiques d'art qui constituent la seule aune valable à laquelle juger de sa valeur dans l'avenir ».

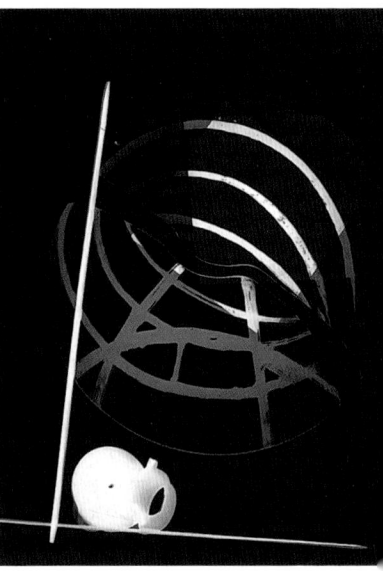

Si Moholy-Nagy a beaucoup pratiqué le photogramme (ci-dessous), dans lequel il voyait l'essence de la photographie, une écriture pure de la lumière sans appareil, il a également réalisé des clichés avec appareil, jouant des angles de prise de vue. Les deux pratiques sont d'ailleurs fréquemment liées dans son esprit. Au dos de cette vue de la tour de radio de Berlin (page de droite), l'artiste a ainsi écrit : « La gamme des valeurs de contraste du noir et blanc, la tonalité des gris et les textures sont ici très semblables à celles du photogramme. »

NOUVELLES VISIONS 69

S'éloignant du modèle pictural, la photographie se rapproche du cinématographe. Tous deux représentent l'étape ultime d'un progrès technologique qui permet l'« expression directe » de la lumière. L'exposition *Film und Foto* pose

Offrant une « expérience plus complète de l'espace », la vue en plongée est récurrente au sein de la Nouvelle Vision.

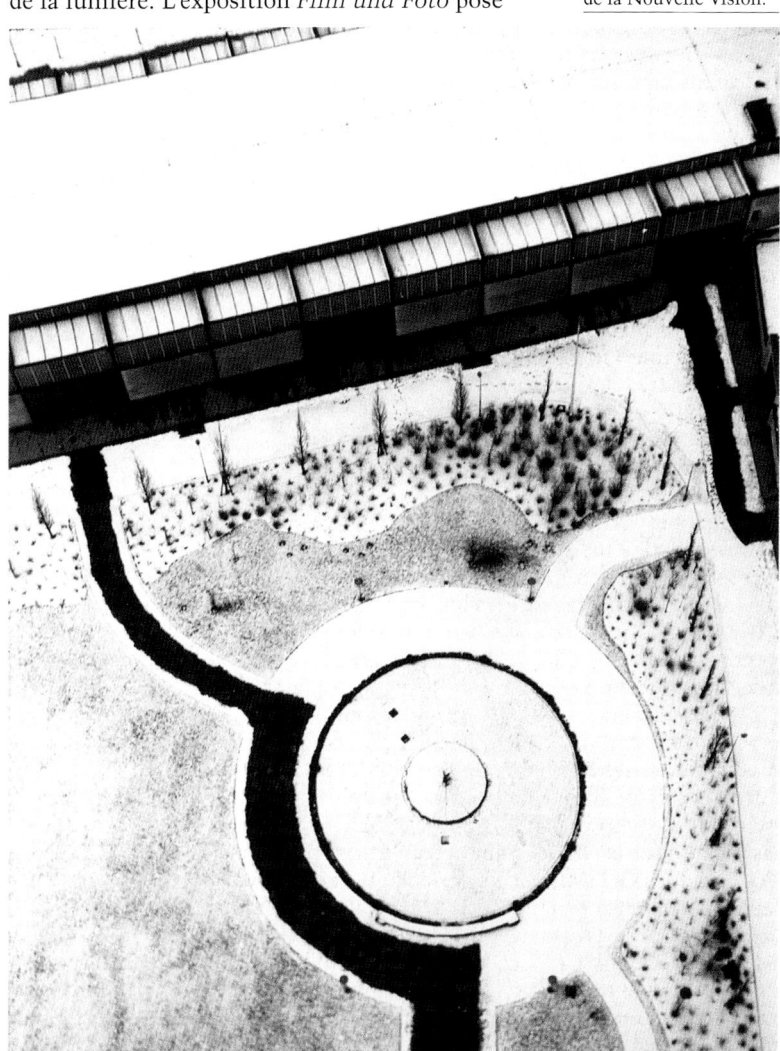

d'ailleurs la question des relations entre les deux médias : la photographie à l'origine du cinéma, les liens entre image mobile et image fixe, le statut du photogramme, l'influence cinématographique sur la photographie (notamment dans le domaine du photomontage, très marqué par les textes russes des années 1920, de Dziga Vertov à Poudovkine). Le cinématographe devient bien, dans ces années-là, l'« autre » de la photographie, comme l'attestent nombre d'artistes d'obédiences diverses (de Moholy-Nagy à Richter, de Man Ray à Lotar) qui pratiquent les deux techniques dans des directions expérimentales ou plus documentaires.

Une photographie constructiviste

C'est au sein des avant-gardes allemandes et soviétiques des années 1920, notamment constructivistes, que l'on retrouve les échos les plus directs des théories de Moholy-Nagy. En Union soviétique, c'est avec les travaux de Rodchenko, El Lissitzky, Dziga Vertov, ou Klucis et, notamment, au sein de le revue *Lef* (1923-1925), fondée par Maïakovski (puis *Noviy Lef*, de 1927 à 1929), que s'exprime le mieux cette exaltation du médium, appelé à mettre en place un langage et une nouvelle vision collective, au service d'un idéal révolutionnaire : emploi récurrent de points de vue nouveaux et dynamiques caractéristiques du style de Rodchenko, à partir de 1926 ; recours fréquent au photomontage, utilisé à des fins publicitaires et de propagande

Walter Peterhans devint directeur du département photographique, qui venait d'être créé au Bauhaus de Dessau, au départ de Moholy-Nagy et de son épouse, Lucia, photographe, très active au sein de l'école. En rupture avec les théories expérimentales de ces derniers, Peterhans y défend une photographie objective, directe et non manipulée (ci-dessous), tout entière dévouée au rendu le plus neutre qui soit des objets et textures : « Notre travail libre vis-à-vis de l'objet se situe avant le processus technique et est totalement achevé au moment où celui-ci commence. »

(El Lissitzky, Klucis); élaboration de formes de support et de diffusion de l'image différentes, offrant une plus grande publicité et rompant avec la présentation traditionnelle de l'image peinte : le livre, l'affiche, voire l'exposition. C'est dans ce domaine notamment qu'El Lissitzky innove radicalement, en concevant de véritables et parfois immenses environnements photographiques (exposition *La Pressa*, Cologne, 1928), qui proposent, à l'instar de ses Proun (acronyme pour « Projet pour l'établissement d'un art nouveau ») architecturaux, une nouvelle perception de l'espace.

En Allemagne, c'est au sein du Bauhaus, la grande école d'art appliqué moderniste, fondée en 1919 à Weimar, que l'influence des idées de Moholy-Nagy se fait sentir. Influence logique – Moholy-Nagy y enseigne de 1923 à 1928 – et cependant indirecte, puisque le Bauhaus n'a jamais consacré de cours spécifique à la photographie tant que Moholy-Nagy y professa. Placés sous le signe de l'unité entre l'art et la technique, le programme général d'enseignement et le cours préliminaire de Moholy-Nagy faisaient toutefois la part belle à la photographie, comme en témoignent les nombreuses expérimentations réalisées individuellement ou collectivement par des étudiants (Florence Henri, Moi Ver, Lux Feininger, Umbo, Bayer) appelés à devenir des figures importantes de la photographie européenne de l'entre-deux-guerres.

Rodchenko porte une attention croissante à la photographie et s'efforce d'y transposer les recherches plastiques qui l'ont mené dès 1915 à promouvoir un art abstrait, non objectif : utilisation d'angles de prises de vue, inspirée par les expériences cinématographiques de son contemporain Dziga Vertov ; recours au photomontage – ici, un projet de couverture, jamais paru, pour le recueil constructiviste *Tout changer*.

De Dada au surréalisme

Précurseurs et contemporains de la Nouvelle Vision de Moholy-Nagy, les mouvements Dada et surréaliste ont fait abondamment usage de la photographie. Dada entendait, à partir de 1916, en rupture avec la société bourgeoise et ses manifestations artistiques, combattre toute esthétique volontaire au profit d'une remise en cause complète de la notion même d'œuvre d'art. Laissée-pour-compte de l'histoire de l'art classique, la photographie, populaire, naïve, mécanique, reproductible, a immédiatement retenu leur attention.

En tant qu'instrument de création tout d'abord : pour Hannah Höch, Hausmann ou John Heartfield, la photographie offre, à travers le photomontage, un outil ludique de destruction ou de démontage de la réalité. Pour d'autres, elle se présente comme une forme d'appropriation mécanique du réel (chaque cliché devient alors un *ready-made*) : mises en scène et performances photographiées (Hausmann, Marcel Duchamp, Johannes Baader), photographie sans appareil faisant la part belle à l'accident (« schadographies » de Christian Schad, « rayogrammes » de Man Ray), photographies d'objets (Duchamp, Man Ray).

Mais la photographie apparaît également comme une donnée incontournable à prendre désormais en compte dans toute pratique artistique. Pour Picabia, elle met fin à la fonction mimétique de la peinture – désormais devenue, selon le titre d'une de ses œuvres de 1921, « la Veuve joyeuse » de la réalité – et nourrit abondamment sa propre pratique picturale. Quant à Duchamp, il souhaite que la photographie « dégoûte les gens de la peinture jusqu'au moment où quelque chose d'autre [la] rendra insupportable », tout en inscrivant au cœur de son œuvre les notions d'empreinte et de reproductibilité.

Poursuivant, par certains aspects, le dadaïsme, le mouvement surréaliste a lui aussi été un grand consommateur et producteur d'images photographiques. Le paradoxe n'est qu'apparent.

Pris à New York en 1917, à l'aide d'un dispositif de miroirs, connu depuis le XIXᵉ siècle sous le nom de multiphotographie, ce portrait multiple et ludique de Marcel Duchamp (ci-dessus) intervient à un moment où ce dernier accorde une place grandissante à la photographie dans son œuvre.

Double page suivante : *Les jeux de la poupée* de Bellmer ou le *Paris nocturne* de Brassaï : deux exemples de la photographie comme meilleure alliée du surréalisme.

NOUVELLES VISIONS 73

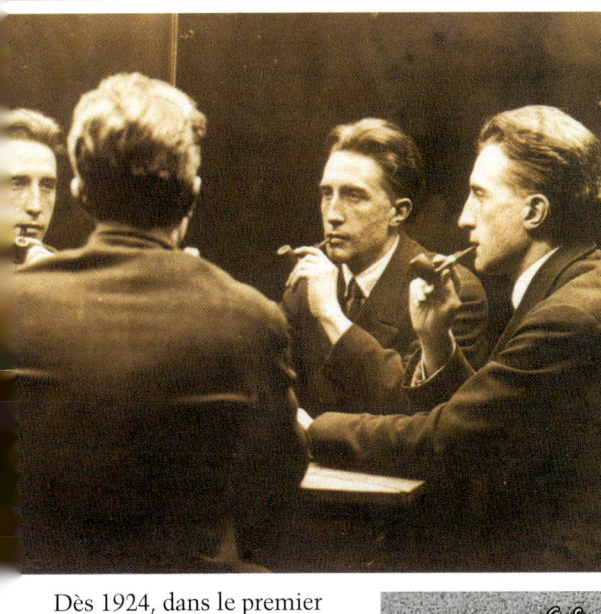

Man Ray, en 1943, notait cette « image figée d'un feu d'artifice, un 14 juillet à Paris » dans la liste de ses photographies préférées. Surréaliste de laboratoire, Man Ray fut un adepte des procédés de manipulation de l'image, notamment d'inversion des valeurs, propre à ce « sabotage du réel » (Ubac) que constituait la photographie surréaliste : rayogramme, autre appellation du photogramme de Moholy-Nagy, et solarisation (ci-dessous), opération consistant à inverser un négatif, développé en chambre noire, en un cliché partiellement positif.

Dès 1924, dans le premier *Manifeste du surréalisme*, André Breton inscrit le modèle photographique au sein du processus de création surréaliste en définissant l'écriture automatique, acte créateur surréaliste par excellence, comme une « véritable photographie de la pensée ». Malgré son aversion pour une certaine forme de réalisme descriptif, il l'inscrit également physiquement dans ses ouvrages (*Nadja*, 1928, et *L'Amour fou*, 1937, comprennent des photographies), comme dans les revues du mouvement (*La Révolution surréaliste*, *Le Surréalisme au service de la révolution*, *Minotaure*).

Les photographes influencés par le surréalisme ont cultivé toutes les ressources d'un genre qui tend vers l'onirisme : la solarisation et le photogramme dans lesquels se joue une inversion des valeurs (Man Ray, Tabard, Roger Parry), les mises en scène étranges et absurdes à l'aide d'objets (Hans Bellmer, Brassaï, Man Ray, Wols, Jacques-André Boiffard), les photomontages (Dora Maar, Raoul Ubac, Claude Cahun, Parry), les collages photographiques (Hugnet), les brûlages et pétrifications (Ubac), les surimpressions et expositions multiples. Tous types de manipulations en laboratoire qui font du médium une expérience au service de l'exploration de l'imaginaire ou de l'inconscient, empreinte d'une forte charge érotique. Aux images fabriquées, il convient d'ajouter les images trouvées avec l'importance accordée par les surréalistes à la photographie anonyme, ou ancienne, souvent détournée par l'adjonction d'un texte ou par un rapprochement visuel.

Enfin, l'influence du surréalisme irrigue puissamment divers genres, notamment la photographie de rue, proche du reportage, qui se mue en un réalisme poétique. « Je ne cherchais qu'à exprimer la réalité, car rien n'est plus surréel », peut dire de son *Paris de nuit* Brassaï, auquel on pourrait associer les noms de Bill Brandt, Wols ou Dora Maar. Ajoutons-y ceux de Cartier-Bresson, dont une image illustre *L'Amour fou* de Kertész qui, par-delà ses séries les plus ouvertement surréalisantes, telles les « Distorsions », a su enchanter le réel, ou Manuel Álvarez Bravo, dont les clichés des années 1930 utilisés par Breton en 1939 sont à la frontière de préoccupations ethnologiques, sociales, politiques et poétiques.

Si en 1939, Breton choisit d'illustrer un de ses articles parus dans *Minotaure*, « Souvenirs du Mexique », de clichés de Manuel Álvarez Bravo (ci-dessous, *Tombe récente*, 1933), on ne saurait assimiler l'œuvre de ce dernier à celle d'un photographe surréaliste, malgré l'inquiétante étrangeté qui se dégage de nombre d'entre elles. Comme Kertész, Cartier-Bresson ou Brassaï, Álvarez Bravo est au confluent de plusieurs registres : ses images trahissent l'influence moderniste de Modotti et Weston, fréquentés dans les années 1920, comme elles révèlent surtout un regard singulier, parfois proche de l'ethnographie tout en étant d'une force évocatrice hors du commun.

La photographie objective

À la fin des années 1920, une certaine lassitude commence à s'exprimer à l'égard des recherches plastiques de la Nouvelle Vision. Des voix s'élèvent pour souligner le caractère utopique de leurs propositions et dénoncer un nouvel académisme de l'expérimentation. On leur oppose désormais la nécessité pour la photographie de se recentrer sur sa fonction première : l'enregistrement et la documentation du réel. Le nouveau modèle prôné est celui de la Nouvelle Objectivité picturale et de son succédané photographique, tel qu'incarné par l'œuvre de Renger-Patzsch – une photographie s'attachant à la description claire et précise du monde et des objets. À l'opposé de la pratique de l'instantané, la Nouvelle Objectivité est marquée par le retour à un travail à la chambre photographique ainsi qu'à des temps de pose plus longs qui

Formée, comme Cartier-Bresson ou Hoyningen-Huene, à la peinture dans l'atelier d'André Lhote, Dora Maar devient photographe professionnelle à partir de 1931. Associée à Pierre Kieffer, elle pratique le reportage, mais également, et surtout, la photographie publicitaire et de mode, dans laquelle, par moment, elle insuffle un esprit surréaliste, fidèle en cela à ses photomontages de ces années-là, dont *Onirique* (1935, ci-dessus) demeure un des exemples les plus éclatants.

renforcent un certain statisme des images, et un goût prononcé pour le gros plan et la vue de détail. À la fin des années 1920, l'ouvrage *Die Welt ist schön* de Renger-Patzsch, qui connaît un véritable succès public, apparaît comme le fleuron de cette tendance. Lui est associé le nom d'August Sander, portraitiste professionnel et auteur, l'année suivante, chez le même éditeur, de l'ouvrage *Antlitz der Zeit* (1929), galerie de portraits de types de l'Allemagne de Weimar. L'œuvre de Sander se démarque pourtant déjà de celle de Renger-Patzsch : l'importance plus grande accordée à la sérialité, au projet global, de même que la retenue expressive encore plus marquée font basculer ses photographies de l'objectivité à un style que l'on peut qualifier de documentaire.

Un tel basculement est également sensible aux États-Unis, l'autre grand pays dans l'entre-deux-guerres de la photographie objective. La *straight photography*, initiée par Stieglitz, Strand et quelques autres, se poursuit, dans les années 1920 et 1930, au service de l'exaltation d'une Amérique contemporaine : celle, matérielle et urbaine, de l'objet de série et des grands complexes industriels (Sheeler, Outerbridge, Bourke-White, Steiner) et celle, spirituelle

Influencé par Stieglitz et Strand, le photographe professionnel californien Edward Weston s'oriente, au début des années 1920, vers une photographie plus directe. Réalisées à la chambre, ses images, nus (ci-dessous, *Torso of Neil*, 1925), paysages ou natures mortes, entendent allier simplicité dans la composition et précision dans la définition et « enregistrer la quintessence des objets placés devant l'objectif ».

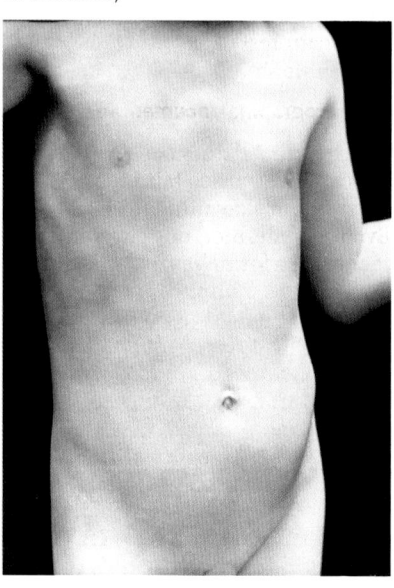

et rurale, de la nature américaine telle qu'incarnée dans les clichés de Weston, Modotti, Ansel Adams et Imogen Cunningham. Nombre d'entre eux se retrouvent, au début des années 1930, au sein du groupe californien f64 (nom donné en référence à une très faible ouverture de diaphragme qui permet d'obtenir une grande profondeur de champ). Le goût de la belle épreuve, le soin apporté au tirage placent ces courants dans le droit fil de la photographie d'art prônée par Stieglitz, dont l'influence sur le monde photographique américain reste alors déterminante.

La photographie documentaire

Comme en Allemagne, c'est à partir du début des années 1930 que se fait jour une évolution vers un style plus documentaire qu'objectif avec Walker Evans. Ce dernier, un temps influencé par les recherches formelles de la nouvelle photographie européenne, comme par Sander ou le réalisme de Flaubert, poursuit, à compter de ces années-là, un travail plus direct, frontal et statique, à la chambre, oscillant entre travaux de commande et initiatives personnelles, avec pour thème principal la réalité quotidienne des États-Unis de la Dépression. Son approche du sujet influence très fortement le style documentaire américain des années 1935-1950, notamment par le biais de sa participation à la grande enquête lancée en 1935 par la Farm Security Administration (FSA).

La proximité des dates de parution de leurs ouvrages respectifs, l'esprit de neutralité apparente qui se dégage des clichés, le recours à une technique proche – travail à la chambre –, le goût pour des compositions frontales, comme le caractère sériel, systématique et descriptif de la démarche ont rapproché, parfois de manière abusive, le travail d'un Renger-Patzsch (ci-dessus) et celui d'un Sander (en haut, page de gauche).

Créée pour venir en aide aux agriculteurs frappés par la crise économique de 1929, la Farm Security Administration lance, en 1935, une campagne photographique d'envergure. Le projet a pour fonction de dresser un état des lieux des campagnes américaines à destination du monde politique et du grand public. De 1935 à 1942, Dorothea Lange (en bas), Ben Shan, John Vachon, Marion Post Wolcott, Walker Evans, brièvement (page de gauche), et quelques autres (ci-contre, Arthur Rothstein) s'attellent à la tâche. Le programme comme les modalités de prises de vue sont définis par Roy Stryker, lui-même influencé par Evans. Malgré l'apparente homogénéité des 270 000 clichés réalisés, la production a connu de nombreuses évolutions. Dans les contenus tout d'abord, de sujets initialement centrés autour de la misère vers un contenu plus positif. Dans les méthodes ensuite, d'une approche marquée par l'esthétique documentaire à l'influence du reportage social et de la « picture story des magazines ». Diffusée par le biais d'expositions et de publications à partir de 1938, cette production, œuvre de propagande et enquête sociale, devint rapidement emblématique du style documentaire américain.

À la même période, Berenice Abbott, ancienne assistante de Man Ray à Paris, entreprend son projet « Changing New York », lequel consiste à enregistrer par la photographie (images prises, images collectées) les mutations architecturales et sociologiques de la ville – véritable campagne documentaire et collective, émanation de préoccupations esthétiques et utilitaires, qui reçoit une aide gouvernementale par l'intermédiaire du Federal Art Project.

Toujours à New York, la création, en 1936, de la New York Photo League est un autre signe d'une volonté de renouveler l'approche documentaire. Très largement inspirée par les travaux de Lewis Hine, la League entendait documenter New York de manière directe, en définissant des projets collectifs, tenant davantage de l'enquête que du reportage,

Dès son retour de Paris, où elle a rencontré Atget avant sa mort et acheté, avec l'apport financier de Julien Levy, son fonds d'atelier, Berenice Abbott photographie les rues de New York (ci-dessus). Ses instantanés, réalisés à l'origine pour des magazines européens, friands de vues de la ville moderne par excellence, évoluent vers un projet plus réfléchi et complexe, « Changing New York », partiellement publié en 1939.

tel le travail sur Harlem mené entre 1936 et 1940 par divers photographes, sous la houlette d'Aaron Siskind. Mais la League était également une structure à but éducatif, dispensant conférences et enseignement de la photographie, dont elle s'efforçait d'étendre la pratique auprès d'un public populaire. Accusée de se livrer à des activités anti-américaines, elle devait se dissoudre après-guerre.

Reconnaissance de la photographie

À la fin des années 1920, la photographie devient un médium d'exposition important pour les avant-gardes et bénéficie d'une dynamique : outre *Fifo*, on peut citer en Allemagne *Neue Wege der Photographie* (Iéna, 1928), *Photographie der Gegenwart* (Essen, 1929) ou encore *Das Lichtbild*, présentée à Munich puis Essen en 1930-1931 ; aux États-Unis, il faut mentionner *Modern Photography at Home and Abroad* (Albright, 1932) et *International Photographers* (Brooklyn, 1932).

Autre signe de cet intérêt croissant, apparaissent des galeries spécialisées ou accordant une place non négligeable à la photographie : à Paris, la galerie de la Pléiade qui présente, dans les années 1930, la photographie moderne ; à New York, la galerie ouverte en 1931 par Julien Levy joua, dans la lignée de l'action de Stieglitz, un rôle important dans la diffusion du surréalisme, et de la photographie plus particulièrement, aussi bien contemporaine (Evans, Cartier-Bresson, Álvarez Bravo) qu'ancienne (Brady, Nadar, Atget).

Dans le même temps, les cercles culturels et artistiques témoignent d'une curiosité grandissante pour le médium : ce dernier attire l'attention d'historiens de l'art et de directeurs de musée (Hildebrant, Dorner, Bossert, Schwarz, Roh), de critiques d'art (Waldemar George, Kallai), de

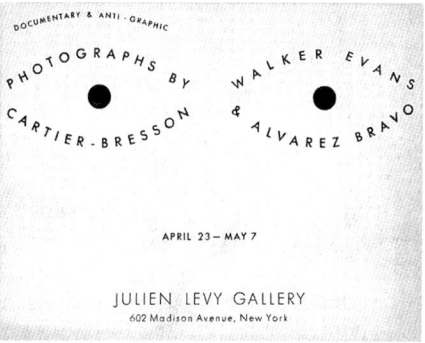

« Quand j'ai décidé d'ouvrir ma propre galerie, j'ai décidé de tenter l'expérience suivante : être à l'avant-garde de la photographie, voir si je pouvais la valoriser comme forme artistique, et enfin espérer faire vivre la galerie grâce à elle. » C'est par un hommage à quelques figures déjà historiques, tels Stieglitz, Nadar et Atget, que Julien Levy ouvre sa galerie à New York en 1931. En 1935, ce sont trois photographes d'une autre génération, Evans, Álvarez-Bravo et Cartier-Bresson, qu'il rassemble sous le titre provocateur d'« antiphotographic » (ci-dessus, le carton d'invitation) : l'Antiphotographie, c'est la mauvaise photographie, celle qui rompt avec la photographie d'art défendue par Stieglitz et qui propose « des images bouleversantes dans leur façon directe d'appréhender le réel, et sans distorsion ».

philosophes (Walter Benjamin, Siegfried Kracauer), d'écrivains (Soupault, Aragon, Mac Orlan, Junger, Tzara, Valéry, Woolf). Parallèlement aux revues entièrement dévolues à la photographie dont le nombre est en constant essor, de plus en plus de revues généralistes consacrées aux arts (*Das Kunstblatt*, *L'Art vivant*, *Hound and Horn*) ou de revues d'avant-garde (*Jazz*, *Biffur*, *Minotaure*, *Documents*) s'intéressent à la photographie ou lui accordent une place de choix.

Pour une histoire de la photographie

Cet intérêt pour l'image photographique conduit également à un réexamen de son histoire. Alors que la période voit se multiplier les célébrations du centenaire de la photographie, apparaissent les premières histoires générales de la photographie conçues dans une approche non plus seulement techniciste, mais également esthétique : *Les Premiers Temps de la photographie* (1930) et surtout le catalogue de l'exposition du centenaire de la photographie du Museum of Modern Art de New York (MoMA, 1937). Nombre d'expositions des années 1920 et 1930 se dotent d'une section historique de photographies anciennes présentées en parallèle avec des clichés contemporains, dans un rôle ambigu de faire-valoir et de légitimation d'une pratique : se répand l'idée que si la photographie a été inventée un siècle auparavant, elle n'a véritablement été découverte (dans sa dimension artistique) que par les modernes. Quelques photographes (Sander, Emmanuel Sougez, Abbott) se muent eux-mêmes en historiens de la photographie et esquissent

UN PRÉCUR

Déjà auteur, en 1931, d'une *Petite histoire de la photographie*, le philosophe allemand Walter Benjamin, réfugié à Paris à partir de 1933, replace cette dernière dans un contexte plus large, celui de l'avènement de modes de reproduction mécanisés, dans un texte aujourd'hui canonique, *L'Œuvre*

d'art à l'époque de sa reproduction mécanisée. Le cliché (ci-dessus) pris par Gisèle Freund, autre réfugiée allemande, auteur elle-même d'une histoire sociale de la photographie du XIXe siècle, le montre (à droite) dans un lieu qu'il affectionnait particulièrement, la Bibliothèque nationale.

NOUVELLES VISIONS

...EUR DE LA PHOTOGRAPHIE MODERNE
...ADJET

une filiation allant du daguerréotype à l'objectivité contemporaine, de l'esthétique du XIXe siècle à celle des modernistes, érigeant au passage quelques figures de précurseurs : l'Écossais Hill, l'Américain Brady, les Français Nadar et, surtout, Atget.

Corollaire de cet intérêt, l'épreuve photographique, suivant un mouvement amorcé par les pictorialistes, devient un objet de collection, qui attire l'attention de particuliers (Stenger en Allemagne, Cromer en France), de marchands (Maggs Brothers à Londres) et, aux États-Unis, de musées de beaux-arts : Alfred Stieglitz donne plusieurs centaines d'épreuves lui appartenant au département des Estampes du Metropolitan Museum de New York et, dès 1935, le San Francisco Museum of Art acquiert ses premières photographies. En 1940 enfin, le MoMA ouvre le premier département de photographie au sein d'un musée de beaux-arts, venant ainsi prolonger une décennie d'intérêt pour la technique et consacrer l'importance de la photographie dans la culture visuelle moderne. Le MoMA, par l'ampleur de sa politique d'exposition et d'acquisition de même que par la façon dont il envisage la technique comme un langage et une discipline artistique, demeure, jusqu'aux années 1950, une brillante exception.

À la fin des années 1920, la figure d'Atget devient une référence incontournable des avant-gardes. Dans ses milliers de vues frontales et statiques du Vieux Paris (ci-dessus), Ansel Adams voit « la première expression d'un art photographique véritable ». Les surréalistes publient certaines de ses images et Robert Desnos le salue comme un authentique visionnaire moderne. Atget, lui, considérait ses clichés comme des « documents pour artistes ».

À travers l'annonce publicitaire, le livre, l'affiche et avec la multiplication du nombre d'amateurs, l'image photographique acquiert une place grandissante dans la société moderne de l'entre-deux-guerres. Elle en devient un des emblèmes, au même titre que l'électricité, la radio ou le cinématographe.

CHAPITRE 5

UNE IMAGE DE MASSE

Dans l'entre-deux-guerres, la photographie envahit massivement l'espace urbain, alors en pleine transformation. Au même moment, la ville devient un formidable répertoire visuel, offrant pour de nombreux photographes de nouvelles expériences – des approches modernistes et distanciées de la Nouvelle Vision (Germaine Krull, à droite) au style brutal et heurté d'un Weegee (ci-contre).

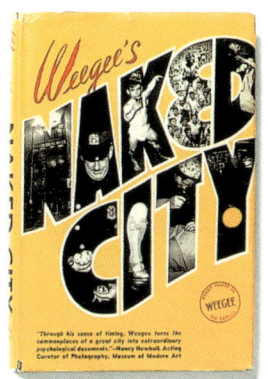

La photographie et le livre

Tandis que le rôle joué par l'image de presse va croissant, le livre illustré de photographies puis, à partir des années 1920, le livre de photographies ne cessent de se développer. Alors que les ouvrages illustrés de photographies de la fin du XIXe siècle avaient essentiellement recours au procédé de la phototypie (photocollographie), qui ne permettait pas d'imprimer simultanément le texte et dont le rendement était faible, la mise au point de l'héliogravure rotative vient remédier à ces difficultés. Le procédé devient le principal instrument de l'édition photographique dans la première moitié du siècle.

La photographie d'illustration s'impose dès lors, qui remplace progressivement le dessin et la gravure et procure de nouveaux débouchés à nombre de photographes. Si les grands éditeurs demeurent assez réticents envers le livre de photographies (citons toutefois *Tahiti*, de Roger Parry, publié par Gallimard en 1934), quelques commandes d'édition peuvent déboucher sur des travaux colossaux : c'est le cas de celle passée par la maison Horizons de France à François Kollar autour du thème « La France travaille » : 10 000 clichés produits en quatre ans et partiellement publiés en quinze fascicules successifs. D'autres se spécialisent dans un domaine, comme le livre de voyage pour Gemaine Krull (*Route de Paris à la Méditerranée* avec un texte de Paul Morand, *Biarritz*, *Marseille*).

La photographie s'implante également dans des champs plus inattendus, telle l'illustration de fiction (notamment avec des couvertures pour des romans, parfois populaires) et de textes littéraires. En France, poésie et photographie font bon ménage, comme l'attestent les contributions de Laure Albin-Guillot (*Narcisse* et *Arbres*, de Valéry), Man Ray (les photographies érotiques de 1929 d'Aragon et Péret, ou *Facile*, d'Éluard, 1935), ou encore le surprenant *Banalités* de Fargue, illustré par Roger Parry.

La Seconde Guerre mondiale n'interrompt pas ce processus, et l'on peut encore citer, après-guerre,

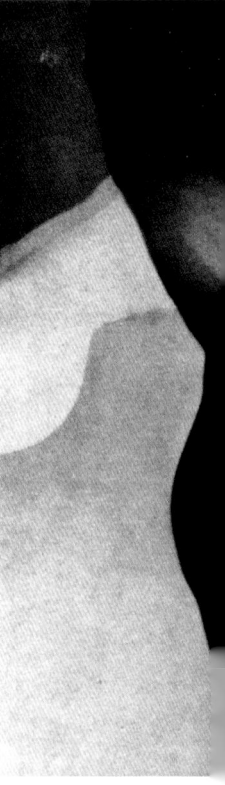

Facile, recueil de poèmes d'Éluard, illustrés de photographies de nus, prises par Man Ray (ci-dessus), dont le modèle n'est autre que Nusch, la femme du poète, apparaît, par l'audace de l'intégration des photographies et du texte, comme un des livres illustrés de photographies les plus novateurs de la période.

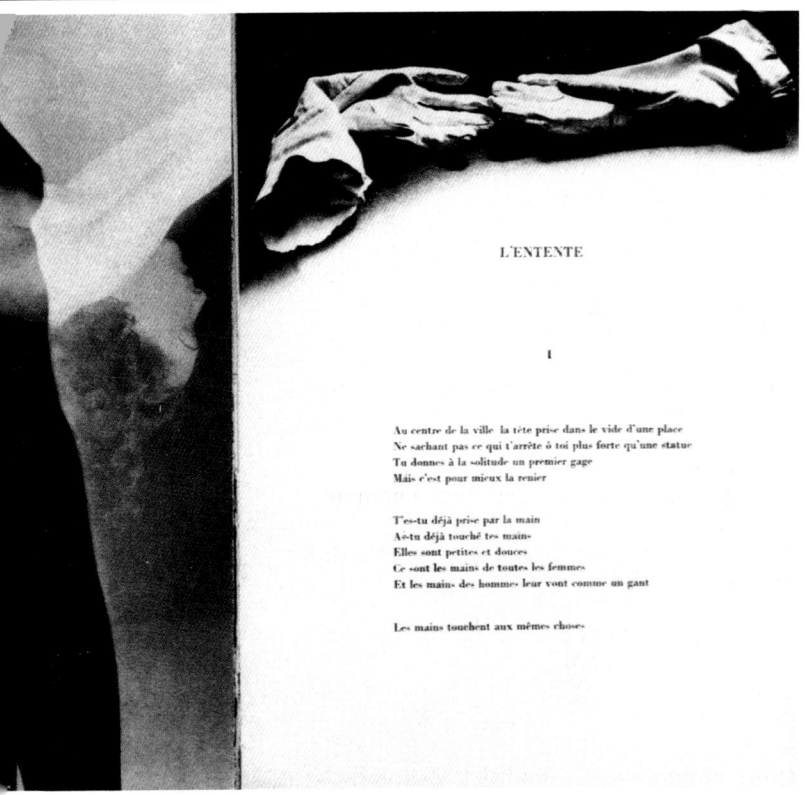

parmi d'autres, *La Mort et les Statues* (texte de Cocteau, photographies de Jahan, 1946) ou enfin *Paris des rêves* – un des innombrables livres de photographies de l'époque sur Paris –, dans lequel les photographies d'Izis dialoguent avec les textes de vingt-cinq écrivains. Brouillant les relations entre le texte et l'illustration, André Breton truffe son *Nadja* de photographies afin d'« éliminer toute description ». Outre-Atlantique, la collaboration entre Walker Evans et l'écrivain et journaliste James Agee aboutit, en 1941, à la publication de *Let Us now Praise Famous Men*, mi-récit littéraire mi-livre de photographies, où les images, non légendées, sont placées, dissociées du texte, en tout début d'ouvrage.

De Tristan Tzara à Benjamin Péret, de Paul Éluard à André Breton, c'est dans la mouvance surréaliste que l'on trouve le plus grand nombre d'exemples de collaboration entre un photographe et un écrivain dans la France de l'entre-deux-guerres.

Le livre de photographe

Par-delà l'illustration de livres, poursuite d'un mouvement commencé à la fin du XIXe siècle, la vraie nouveauté de l'entre-deux-guerres est l'essor du livre de photographe, dont le mouvement

Des nombreux livres sur Paris parus dans l'entre-deux-guerres, celui de Moï Ver, photographe lituanien, ancien du Bauhaus, est assurément le plus

pictorialiste avait déjà vu naître quelques exemples (les ouvrages d'Emerson ou de Coburn, auxquels on pourrait adjoindre le colossal projet de Curtis sur les Indiens nord-américains). C'est en Russie que l'on trouve, dans les années 1920, les recherches les plus originales sur le livre de photographe, avec notamment la collaboration entre Rodchenko et Maïakovski (*Pro Eto*, recueil de poèmes illustrés de photomontages) et le travail de Lissitzky. Ce dernier voit dans le livre le support d'avenir, mobile et dynamique, permettant une association originale du texte et de l'image, en rupture complète avec le principe de l'illustration. On retrouve ici des échos de la « typophoto » chère à Moholy-Nagy : une alliance nouvelle de la typographie et de

inventif : par son recours quasi systématique aux surimpressions, véritables « fondus enchaînés », il représente, comme le souligne Fernand Léger dans sa préface, une tentative intéressante d'élaboration d'une nouvelle image, entre photographie et cinéma.

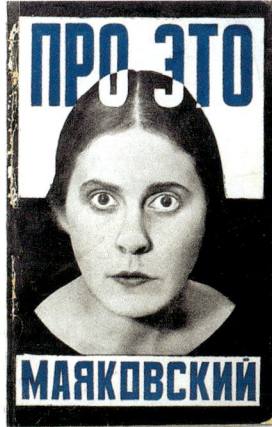

la photographie, fusion complète de l'écrit et de l'image, au service d'un nouveau type de communication et d'une littérature visuelle inédite.

Pour nombre de photographes de l'entre-deux-guerres, le livre de photographies devient un support de diffusion privilégié, qui va jusqu'à influer sur leur pratique, en encourageant notamment la sérialité. Paru en 1938, l'extraordinaire *American Photographs* de Walker Evans est le fruit de quatre années de travail. Le même constat pourrait être fait pour August Sander et son *Antlitz der Zeit*, conçu sur plusieurs années et jamais achevé. Pour Berenice Abbott, dont le premier ouvrage, *Changing New York*, paraît en 1941, le choix du livre est d'ailleurs une position artistique : en opposition à la pratique du beau tirage, seul l'imprimé est à même d'assurer une diffusion de masse de ses images. Certains de ces ouvrages rencontrent au demeurant un véritable succès public, parfois inattendu. C'est le cas de *Die Welt ist schön* (1928), de Renger-Patsch – manifeste de la photographie de la Nouvelle Objectivité allemande et premier d'une longue série –, de l'important *Urformen der Kunst*, de Karl Blossfeldt (1929), ou encore de *Naked City* (1945), de Weegee, vision brutale et nocturne de New York qui connaît plusieurs éditions successives et apparaît, pour le photographe de presse, comme une consécration.

Alors que, jusqu'au début du XXe siècle, la plupart des ouvrages illustrés de photographies ne possédaient pas de couvertures illustrées, l'image photographique gagne définitivement la page de couverture dans les années 1920. Sous la forme du photomontage en couleur avec le recueil *Pro Eto*, signé Maïakovski et Rodchenko (à gauche), dans lequel chaque montage s'efforce de fournir un équivalent visuel au lyrisme du vers libre. Ou sous la forme du cliché en noir et blanc, avec *Urformen der Kunst* (Formes originaires de l'art) de Blossfeldt (ci-dessous), dont la sobriété de couverture annonce la rigueur répétitive de la mise en page intérieure.

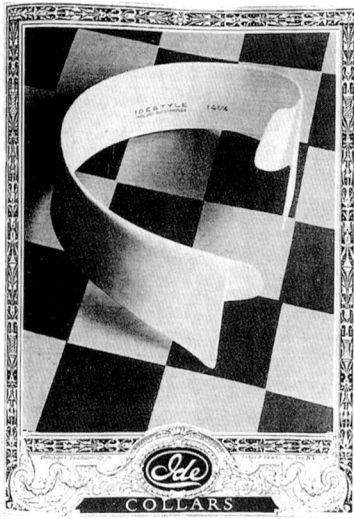

La photographie, nouvel outil publicitaire

À partir de l'entre-deux-guerres, le phénomène d'utilisation de la photographie par la publicité connaît un essor sans précédent. Le mouvement s'amorce à la fin du XIXe siècle. En 1923, aux États-Unis, 17 % des annonces publicitaires parues dans les journaux et revues utilisent déjà la photographie, et l'Art Directors Club of America organise, depuis la fin de la guerre, des expositions de photographies publicitaires. À cette date, Paul Outerbridge, ancien de la Clarence White School of Photography, réalise ses premières images publicitaires, marquées par les leçons d'un pictorialisme modernisé, tel qu'on le trouve également à cette période dans les travaux d'un Edward Steichen pour les publications Condé-Nast.

Les États-Unis sont déjà passés de l'ancienne réclame (fondée sur le texte explicatif) à la publicité (qui met en avant l'image). Dans cette logique, la photographie s'accommode particulièrement bien de la conception américaine d'une publicité directe, qui vante les mérites du produit ou de l'objet effectivement représentés, sans procédés allusifs ni

La publicité pour le col Idestyle, une des premières compositions de Paul Outerbridge (ci-dessus), parue dans *Vanity Fair* en 1922, constitue un des tout premiers exemples de modernisme appliqué au style publicitaire. La légende veut que Marcel Duchamp l'ait punaisée au mur de son atelier. Kertész quant à lui considérait son cliché « la fourchette » (à gauche), que la maison Bruckman utilisa pour sa publicité, comme une de ses photographies les plus parfaites : abondamment exposée dans l'entre-deux-guerres, notamment à *Film und Foto* en 1929, elle montre que photographie appliquée et recherches personnelles peuvent aller de pair.

métaphoriques. L'image photographique garantit la véracité de la publicité : exacte, concise et objective.

Pourtant, c'est en Europe surtout, à partir de la seconde moitié des années 1920, que la publicité adopte pleinement un langage visuel d'avant-garde, dont elle mesure rapidement l'efficacité. Elle est aidée en cela par l'intérêt, parfois dénué de sens critique, que lui portent nombre de photographes d'avant-garde qui voient en elle la quintessence du langage moderne, à destination des masses. En 1925, le Bauhaus ouvre ainsi, à la suite de nombre d'écoles appliquées en Allemagne, un cours de graphisme commercial. Deux ans plus tard, Moholy-Nagy consacre un texte à la question et, ayant quitté le Bauhaus, s'installe comme graphiste à Berlin. À la même période, quelques-uns des artistes et typographes les plus engagés dans ce mouvement (Raoul Hausmann, Kurt Schwitters, Cesar Domela, Piet Zwart, Jan Tsichold) se regroupent au sein du Cercle des designers pour une publicité nouvelle.

Dès lors, rien d'étonnant à ce que la plupart des grands photographes de la fin des années 1920 et des années 1930 aient travaillé pour la publicité. Certains s'en font même une spécialité : aux noms d'Outerbridge, Steichen, ou, dans une esthétique plus conventionnelle, de Lejaren Hiller ou Murray outre-Atlantique, pourraient s'ajouter en Europe ceux de Lissitzky, Moholy-Nagy, Maurice Tabard, Kollar, ou encore de graphistes tel Tsichold, roi de l'utilisation de la photographie dans l'affiche, notamment de cinéma.

Cette fascination réciproque permet d'expliquer la rapidité avec laquelle l'image publicitaire récupère et adapte les expériences plastiques des avant-gardes. Ainsi du photogramme, qui tombe dans le domaine publicitaire dès le milieu des années 1920 : Lissitzky l'utilise, en 1924, dans une publicité pour l'encre Pelikan ; Man Ray, presque dix ans après ses *Champs*

L'affiche et le panneau publicitaire, moyens de communication de masse, populaires et éphémères ont fasciné les avant-gardes – tout comme le cinéma. Leurs taches de couleurs vives, leur graphisme souvent simple dynamisent l'espace urbain. Si dans certains pays, comme la France, l'affiche demeure encore essentiellement graphique, d'autres pays telles l'Allemagne (ci-dessus, une affiche de Tsichold publiée dans *Foto-Auge*) et l'Union soviétique ont davantage recours à la photographie.

délicieux, publie en 1931 *Électricité*, plaquette publicitaire de luxe composée de rayogrammes, réalisée à la demande de la Compagnie générale d'électricité. Le photogramme est loin d'être une exception : photomontages, phototypographies, surimpressions, solarisations, gros plans, plongées ou contre-plongées, utilisation de la typographie se retrouvent tous, après un temps d'adaptation, dans le langage publicitaire, jusqu'à l'utilisation de la couleur, dernière conquête des années 1930.

La photographie de mode

Liée à l'imagerie publicitaire, la photographie de mode accompagne son essor avec la même fulgurance. De 1880 aux années 1920, les photographies de mode étaient assurées par des ateliers de portraitistes (Reutlinger, Nadar, Manuel…), poursuivant en cela la tradition du portrait mondain d'atelier des années 1850-1870.

Les images d'esprit pictorialiste du baron Adolf de Meyer, publiées dans *Vogue* vers 1900, contribuent à démarquer la photographie de mode du traditionnel portrait habillé d'atelier. Poursuivie à *Vogue* par Steichen (qui dès 1911 signait ses premières images pour *Art et Décoration*), par Cecil Beaton, George Hoyningen-Huene et quelques autres, dans les années 1920, dans une veine plus moderne, elle s'émancipe pleinement, jusqu'à se muer en genre à part entière. Dans les années 1930, elle devient même un des principaux champs d'hybridation des pratiques photographiques. Le surréalisme,

Inlassables rivaux, *Vogue* et *Harper's Bazaar* représentent dans l'entre-deux-guerres les deux principaux lieux d'innovation de la photographie de mode. Le succès de *Vogue* culmine dans les années 1930-1950 grâce à son directeur artistique Alexeï Brodovitch qui bouleverse la conception graphique de la page et accorde une importance toute particulière à la photographie.

Ce n'est qu'en 1936, après de nombreux métiers et une participation au mouvement Dada, que Blumenfeld (page de droite) ouvre un atelier. D'abord employé par *Harper's Bazaar*, il rejoint *Vogue* pour lequel il réalise de nombreuses couvertures en couleurs. L'utilisation de la couleur devient d'ailleurs une des spécialités de son atelier, tant dans ses travaux de mode que publicitaires.

Les nouveaux procédés couleur, qui apparaissent au cours des années 1930, sont principalement utilisés par la photographie d'illustration et au premier chef la publicité et la mode, dans une perspective déréalisante et merveilleuse (double page suivante, à droite, couverture d'Anton Bruehl pour *Vogue*, 1937). Dès 1931, Steichen y voit l'avenir de l'image publicitaire. Succédant aux autochromes, tombés progressivement en disgrâce, et à divers autres procédés peu probants (plaques omnicolor chez Jougla ; de Ducos du Hauron, 1909, Dioptichromes de Louis Dufay, 1907-1909), apparaissent au milieu des années 1930, sous l'influence du cinéma, divers procédés de film couleur : le Technicolor (1935) l'Agfacolor (1936), et le Kodachrome (1935), qui supplante après-guerre ses concurrents. À ces films négatifs couleurs, s'ajoutent un certain nombre de procédés pigmentaires de tirage couleur mis au point à la même période : le Carbro (Carbon bromide) apparu en 1919 (double page suivante, à gauche, essai de Rossler, années 1930) et utilisé dans la publicité comme dans la mode et, après-guerre, le Dye Transfer de Kodak (1945), ou encore le procédé Fresson.

notamment, y est particulièrement présent à la fois par l'intérêt que lui portent un certain nombre de couturiers (Paul Poiret), et par des clichés de Man Ray, Erwin Blumenfeld, Dora Maar, Horst P. Horst et même George Platt Lynes. Solarisations, essais de couleur, goût pour l'insolite et photomontages contribuent à un onirisme publicitaire qui cultive le merveilleux et l'étrange.

Dès 1927, quittant l'atelier, Hoyningen-Huene fait sortir ses mannequins dans la rue. Suivant cette tendance, à partir de 1934, c'est le reportage qui, grâce aux clichés de Martin Munkácsi, employé par *Harper's Bazaar* – la plus inventive des revues de mode de la période – insuffle au genre un style plus dynamique, en rapport avec l'évolution des mentalités et des vêtements.

UNE IMAGE DE MASSE 97

Le portrait et l'atelier

Parallèlement à la photographie de mode, avec laquelle elle entretient des liens, se maintient la pratique du portrait d'atelier. Les progrès techniques survenus ne doivent pas faire oublier que la majorité des ateliers continuent au début des années 1920 à proposer des formules de portrait à l'ancienne (posé, avec décor), tel le studio du Belge Norbert Ghisoland, ouvert en 1903. Ces recettes sont parfois mises au goût du jour avec succès : citons ainsi madame d'Ora, qui réalise dans ses ateliers viennois puis parisiens, à l'intention d'une clientèle aisée, des portraits classiques mâtinés d'influences de la Sécession viennoise et de l'Art déco. Ou, dans un autre style, le Studio Harcourt, créé à Paris en 1933 : utilisation massive de la publicité, gestion commerciale moderne, style original fondé sur une utilisation souvent cinématographique de la lumière se conjuguent pour lui assurer le succès.

Le modèle cinématographique se retrouve, à la même période, chez la plupart des grands portraitistes mondains et d'atelier : en Angleterre avec Cecil Beaton ou les étonnantes mises en scène en couleur de Madame Yevonde ou, aux États-Unis, dans l'œuvre d'un Alfred Cheney Johnston, photographe officiel des Ziegfeld Follies, dont les portraits mettent en valeur le sujet de manière très artificielle et avec un soupçon d'érotisme.

Enfin, le succès de la photographie appliquée remet le studio au cœur de la production photographique. L'essor du photoreportage, l'importance accordée à la photographie de rue ne doivent pas faire oublier qu'une immense partie de la photographie de l'entre-deux-guerres perpétue comme principal lieu de création l'atelier du XIXe siècle. Celui-ci n'est plus tout à fait le même : l'appareillage y a été modifié, l'éclairage artificiel s'est substitué à la lumière naturelle. Néanmoins, le vieux partage entre l'espace de travail (devenu le plateau) et l'espace de réception s'y retrouve tout comme les anciens métiers (notamment le retoucheur, toujours actif). L'endroit demeure

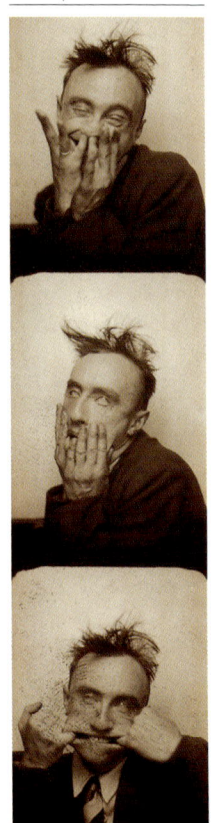

Breveté en 1924, le principe du photomaton – du nom de la société créée en 1927– est celui de l'automatisation de la prise de vue et du tirage d'un portrait de petit format. La vogue est immédiate : en 1933, on dénombre 140 studios en France et 240 aux États-Unis (ci-dessous, le peintre Yves Tanguy, cliché provenant de la collection d'André Breton).

un lieu de création et de socialisation. À Paris, les principaux studios ont pour nom Deberny et Peignot, Zuber (René Zuber et Pierre Boucher), Tolmer, où Brodovitch fit ses classes, ou encore Camera, fondé en 1931 par A. Vigneau et fréquenté par Robert Doisneau.

Ce plan rapproché sur la devanture d'un studio de portraits est caractéristique de l'attachement d'Evans à une culture populaire, et de son goût pour l'accumulation.

Du professionnel à l'amateur

Ce boom de la photographie appliquée est également à l'origine du développement de structures d'enseignement de la technique. La photographie devient véritablement un métier qui exige des connaissances et une formation spécifiques. À Vienne, dès son ouverture en 1888, la Graphische Lehr und Versuchsanstalt (Institut graphique d'apprentissage et d'expérimentation) propose un enseignement de la photographie dans une perspective appliquée. En Allemagne, avant le Bauhaus, nombre d'établissements font de même, tel, à Halle, le Burg Giebichenstein, dirigé par Hans Finsler. En retard dans ce domaine, la France fonde, en 1927, l'École Louis-Lumière, dont l'enseignement très conservateur est essentiellement consacré au portrait. À la même période, ouvre à Paris, dans une perspective plus moderne, Publiphot, créée par la photographe Gertrud Fehr.

Parallèlement à l'essor et à la mutation des pratiques professionnelles, la pratique des amateurs connaît un nouveau développement après les avancées des années 1890-1910. L'entre-deux-guerres marque incontestablement l'émergence d'une photographie amateur populaire, notamment ouvrière et, dans une moindre mesure, rurale. Dans la France des années 1930, Marcel Natkin publie un manuel *Les Premiers Pas en photo avec un appareil box ou tout autre appareil simple,* vendu à 200 000 exemplaires, chiffre colossal. La France, où l'on recensait quatorze sociétés photographiques amateurs en 1923, en compte cent quatre en 1939.

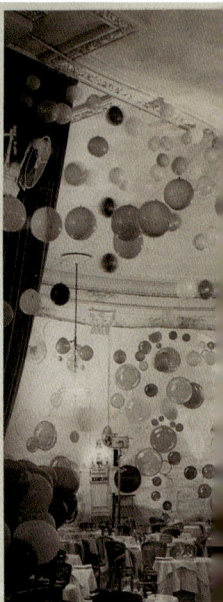

Le livre de Werner Gräff (à gauche) est un guide pratique de la nouvelle vision photographique. Ce « nouveau photographe », dont le titre célèbre l'arrivée, est un amateur, proche du reporter dont la photographie, toujours dynamique, se fait en mouvement.

Ce phénomène, nombre d'artistes d'avant-garde l'appellent de leurs vœux et l'accompagnent, proclamant, tel Moholy-Nagy, que l'« amateur est l'une des promesses d'espoir de la société future ». À la fin des années 1920, l'ouvrage *Es Kommt der neue Fotograf!* tente de mettre à la portée des amateurs les acquis de la nouvelle vision, inaugurant en cela un mouvement qui va se développer dans les années 1930, avec les manuels de Peterhans, Feininger, Abbott, Ansel Adams, dont

Journaux intimes en images, directement inspirés des revues grand public de la période, les albums assemblés par Lartigue (ci-dessus, 1936) pendant quatre-vingts ans constituent un condensé des pratiques amateurs.

le principal destinataire est l'amateur. Aux États-Unis, cette production amateur, souvent anonyme, commence même à gagner ses lettres de noblesse avec, notamment, l'exposition *The American Snapshot*, organisée par Kodak au Museum of Modern Art de New York, en 1944. Mettant en avant un art photographique anonyme, elle entend également exalter la démocratie américaine et soutenir l'industrie nationale.

D'autres visées politiques ont présidé à la création des photographes ouvriers dans l'Allemagne de Weimar. Regroupés autour de la revue *Arbeiter Fotograf*, le mouvement, animé par des sympathisants communistes, entend remplacer le photographe de presse professionnel par un nouveau photographe, ouvrier et amateur. Ce dernier se voit assigner comme tâche, à l'instar de ce qui se pratiquait en Union soviétique, d'aider la presse communiste (notamment *AIZ*) à se fournir en images, et donc de mettre en évidence ce que la presse bourgeoise ignore volontairement. Sur le même principe, mais à une échelle plus modeste, la revue *Regards*, en France, fonde en 1932 sa propre agence de photographes ouvriers amateurs, chargés de renouveler la vision de la société.

« Es-tu déjà membre des photographes ouvriers ? » interroge cette affiche (ci-dessous). Au même moment, les rédacteurs de l'*Arbeiter Illustrierte Zeitung* exhortaient le photographe-ouvrier à « devenir reporter ! Quand se produit sur son lieu de travail un événement intéressant l'ensemble des ouvriers, il doit faire des recherches et en cinq ou six images en constituer un reportage ». Le mouvement des photographes-ouvriers connaîtra une fin brutale en 1933 à l'avènement au pouvoir des nazis, mais continuera à travailler dans l'illégalité.

Photographie et totalitarismes

Les régimes totalitaires de l'entre-deux-guerres comprennent vite le parti qu'ils peuvent tirer de l'utilisation de l'image photographique, à la fois comme outil de persuasion et de contrôle. Qu'il s'agisse de l'Italie fasciste, de l'Union soviétique stalinienne, ou de l'Allemagne nazie, la photographie devient un instrument au service d'une politique d'encadrement et de contrôle des masses. D'un régime à l'autre, par-delà les nombreuses différences, se retrouvent les mêmes

traits distinctifs : développement et organisation d'une pratique amateur ; mise en place de structures centralisées d'enseignement ; condamnation des expériences modernistes au profit d'une esthétique réaliste ; utilisation de l'image photographique à des fins de propagande, au travers du livre, du journal ou de l'exposition.

À partir de 1925, lorsqu'il rentre, malade, en Union soviétique, l'artiste constructiviste El Lissitzky met sa science de l'image et du photomontage au service de la propagande soviétique,

En Union soviétique, poursuivant un mouvement entamé pendant la NEP (Nouvelle Politique économique, 1921-1929), le pouvoir en place encourage le développement de la photographie amateur dans le double but d'inciter à une pratique collective et de subvenir aux besoins en images face aux carences en photoreporters professionnels. À partir de 1930, ces derniers sont formés par un institut central, le GIK, au moment où se met en place la photographie prolétarienne. Celle-ci, en réaction aux expériences jugées formalistes du groupe Octobre (Rodchenko), vise à imposer une esthétique plus narrative, accordant le primat au contenu social, voire, après 1932 et l'émergence

participant notamment, avec sa femme Sophie Küppers, à la revue *L'URSS en construction* (ci-dessus, un numéro de 1934), revue en plusieurs langues destinée à une diffusion internationale. « La photographie doit servir le pays [...] de manière constante et conformément à un projet », pouvait-on y lire.

du réalisme socialiste, à une représentation harmonieuse de la société socialiste.

Dans l'Italie fasciste, la photographie est placée sous la direction de la très puissante Luce (Union cinématographique éducative), qui crée un Institut national de la photographie. Chargé de la formation professionnelle des photographes, cet institut assure la promotion d'ouvrages de propagande et un strict contrôle, pendant plus de vingt ans, de l'image, omniprésente, du Duce. Dès 1932, le régime utilise massivement la photographie dans des expositions : ainsi celle de 1932 consacrée à la

Exemple de réutilisation à des fins de propagande d'une image officielle : cette photographie de Churchill inspectant les systèmes de défense côtière britanniques, prise en 1940 (ci-dessus) et diffusée par le service de presse du Premier ministre britannique, fut réutilisée, hors de son contexte, l'année suivante, par la propagande nazie (ci-contre). Barrée de la mention, « Heckenschützen » (franc-tireur), Churchill y incarne désormais l'archétype du gangster. Ce tract fut largué par l'aviation allemande au-dessus de l'Angleterre.

« Révolution fasciste », où sont visibles 2 170 mètres carrés d'agrandissements de clichés de divers instituts nationaux, vantant les mérites du nouveau régime et de sa jeune histoire.

Mais c'est sans doute l'Allemagne nazie qui a le mieux perçu l'importance de la photographie dans une stratégie globale de contrôle des masses : encouragement de la pratique amateur (création de l'Association nationale des photographes amateurs allemands), dans le but de favoriser l'émergence d'un sentiment collectif autour d'une exaltation de la mère patrie ; mise en place d'une photographie nationale, en réaction à l'internationalisme du mouvement moderne (la plupart des grands photographes des années 1920 ont quitté le pays à l'accession de Hitler au pouvoir, ce qui entraîne un renouvellement des cadres) ; utilisation de la photographie à des fins de propagande par des expositions (*Die Kamera*, dès 1933, et surtout, en 1937, *Donnez-moi quatre ans*, présentation des réalisations du régime), des livres et des journaux (*Signal* ou *Illustrierte Beobachter*, le magazine du parti nazi) ; contrôle étroit des photographes de presse allant jusqu'à la création des compagnies de propagande, sous la direction du ministère éponyme. Pendant la Seconde Guerre mondiale, ce contrôle sera étendu et adapté à l'Europe conquise.

Si Mussolini pensait que le Cinématographe était « l'arme la plus forte » en tant qu'outil de propagande, il s'est montré très attaché à l'utilisation de la photographie dans la diffusion de sa propre image. Réalisé à Florence en 1934 par le photoreporter Tim Gidal, ce cliché propose une représentation glaçante du quotidien de l'Italie fasciste et de la façon dont le régime installe par l'image son influence sur les esprits.

Dans un monde marqué par le traumatisme de la Seconde Guerre mondiale, les photographes apparaissent partagés entre la volonté de fonder un nouvel humanisme documentaire et une tentation de retrait vis-à-vis du réel.

CHAPITRE 6

LES INCERTITUDES DE L'APRÈS-GUERRE

Apparu à la fin des années 1920, le Rolleiflex (ci-contre) fait partie de la génération des nouveaux appareils maniables. Muni d'un film en rouleau donnant des images 6 x 6 cm, il fut adopté par une génération de photographes de rue, proches notamment de la photographie humaniste, de Doisneau (à gauche, *Riton et M. Georges*, 1952) à Willy Ronis, qui appréciaient sa discrétion.

Photographie et presse au lendemain de la Seconde Guerre mondiale

« Photographier était presque un soulagement. Cela interposait une fragile barrière entre moi et l'horreur devant moi », se souvient la photographe américaine Margaret Bourke-White, présente lors de l'entrée des troupes alliées à Buchenwald, le premier des camps de concentration nazis libéré. Son confrère Philip Rodger évoque également cet état de « stupeur imposée » d'avoir photographié « inconsciemment et automatiquement » et de ne « pas avoir pu tout photographier pour ne pas ajouter de l'horreur à tout ça », avant d'ajouter : « Lorsque je me suis rendu compte que je pouvais contempler l'horreur de Belsen et ne penser qu'à une bonne composition photographique, j'ai su que quelque chose m'était arrivé et que cela devait cesser. Il me fallait effacer tout cela de mon métabolisme. » Ce sera pour lui la fuite vers l'Afrique, vers une terre qu'il considère alors préservée et intacte.

Nombreux sont les photographes qui, en 1944 et surtout en 1945, accompagnent la progression des armées alliées à l'Ouest, et découvrent et enregistrent la réalité des camps de concentration à mesure que ces derniers sont libérés : Margaret Bourke-White, Philip Rodger, Lee Miller, Germaine Krull ou Eric Schwab, pour n'en citer que quelques-unes. Ces clichés, non censurés, seront diffusés massivement dans la presse occidentale, par le biais des agences comme de l'armée, à partir d'avril 1945 et de la découverte du camp d'Ohrdruf. Il s'agit dès lors, après une période d'attente, de sensibiliser l'opinion publique à l'ampleur des atrocités commises. Certaines de ces images, tel ce jeune russe atteint de dysenterie, photographié par Eric Schwab à Dachau au printemps 1945 (ci-contre), connaîtront une diffusion considérable, sous de multiples supports, dans la presse, le livre, la carte postale ou l'affiche et par le biais d'expositions itinérantes, autant de tentatives d'une « pédagogie de l'horreur » par l'image.

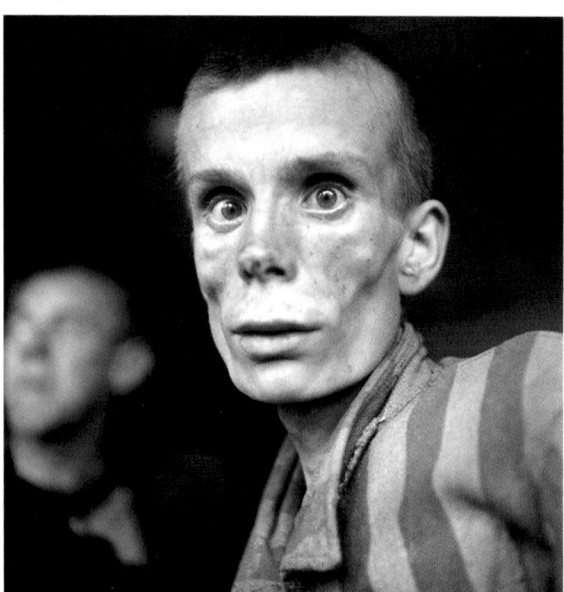

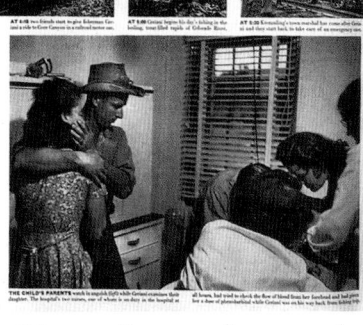

Si le travail accompli sur tous les fronts pendant cinq ans a renforcé le prestige et l'audience du photoreporter, de Robert Capa à Lee Miller, de Margaret Bourke-White à Eugene Smith et Philip Rodger, l'expérience de la guerre a également, pour cette génération, profondément modifié le regard et les mentalités. Beaucoup des reporters (Ernst Haas, Marc Riboud...), qui, à partir de 1947, intègrent Magnum, l'agence que viennent de créer Rodger, Capa, Seymour, Rita et William Vandivert, et Cartier-Bresson, semblent partager la croyance de ce dernier, selon laquelle « le sujet le plus important c'est l'homme et sa vie, si courte, si frêle, si menacée ». Pour Werner Bischoff, qui les rejoint en 1951, « le visage de l'homme humain est passé au premier plan », quand Ernst Haas affirme vouloir « communiquer le bonheur des autres ».

Quant à Cartier-Bresson, dont le premier livre, *Images à la sauvette*, paru en 1952, contribue à l'édification du mythe de l'« instant décisif », son travail de l'après-guerre évolue vers une prise en compte plus grande du collectif tant dans ses images d'Inde que d'Union soviétique.

Dans l'immédiat après-guerre, Eugene Smith réalisa pour *Life* quelques-uns des essais photographiques les plus aboutis du genre, prenant pour thème une communauté (« Spanish Village », 1951), une célébrité (« Chaplin at work », 1952) ou un héros anonyme : ainsi « Country Doctor », paru en 1948, narre en une douzaine d'images le quotidien d'un médecin de campagne américain. Smith lui-même faisait la distinction entre ce qu'il appelait l'essai photographique, œuvre du seul photographe, et la « picture story » – qu'il méprisait – dans laquelle le photographe n'était que l'illustrateur d'un récit écrit par un autre.

La fondation de l'agence Magnum est une des rares transformations que connaît le domaine du photojournalisme, dont les pratiques demeurent très proches de celles de l'entre-deux-guerres. Agence d'un nouveau genre, créée sur le modèle de la coopérative, elle entend défendre les droits de ses photographes, qui, notamment, conservent désormais la propriété de leurs négatifs. « Combinaison de petits appareils et de grands esprits », elle devient, dans la

période des débuts de la guerre froide (guerre de Corée) et des conflits liés à la décolonisation (Indochine, puis Vietnam), emblématique de l'apogée d'une pratique humaniste et engagée du photoreportage, et de ses risques, puisque Robert Capa, David Seymour et Werner Bischoff trouvent tous trois la mort entre 1952 et 1954.

La création de Magnum est également révélatrice de la difficulté pour le photographe d'obtenir la reconnaissance de la singularité de son regard

Cette couverture de *Paris-Match* (à gauche) fournit à Roland Barthes le point de départ d'un de ses premiers textes consacrés, entre autres, au rôle de la photographie dans la construction des mythes modernes.

LES INCERTITUDES DE L'APRÈS-GUERRE 111

au sein d'une presse souvent normative. À preuve les problèmes rencontrés par deux des plus grands photographes de l'entre-deux-guerres, Kertész et Evans, pour s'exprimer au sein des grands groupes de presse qu'ils ont rejoints à cette période (Condé-Nast pour le premier, le journal *Fortune* pour le second) ou encore les relations orageuses entretenues par Eugene Smith, un des maîtres de l'essai photographique de l'après-guerre, avec son principal employeur, *Life* – qu'il quittera en 1941 et en 1954.

Exposé au MoMA en 1946, fondateur de l'agence Magnum, premier photographe occidental admis en URSS après la mort de Staline (ci-dessus, foire agricole à Moscou, 1954), Cartier-Bresson s'affirme comme un auteur à part entière, photoreporter et artiste.

Une tentation humaniste

Ravivée par l'ampleur du traumatisme de la guerre, cette volonté de véhiculer des valeurs humanistes par la photographie n'est cependant pas nouvelle. Elle plonge ses racines dans la photographie de rue des années 1930 (pour l'Europe, celle du réalisme poétique de Kertész, Brassaï, Cartier-Bresson, pour les États-Unis, celle de la Photo League et de la FSA), tout en entretenant également des liens avec des mouvements contemporains tels que le néoréalisme italien. Nombre des tenants de la photographie humaniste (Doisneau, Ronis) ont forgé leur style dans l'entre-deux-guerres. Elle a pour caractéristiques le respect pour le sujet, avec lequel le photographe entretient souvent une certaine complicité ; le goût pour le plan large qui saisit l'homme dans son environnement ; l'adoption d'appareils photographiques de petites dimensions

« Je ne me sens investi d'aucun message à livrer à quiconque, ni ne perçois le frémissement d'aucune transcendance. » Photographe-polygraphe comme il s'intitule lui-même, Willy Ronis (ci-contre, *La Fenêtre*, 1948) est, en compagnie de Doisneau, Izis ou Boubat, un des principaux représentants de la photographie humaniste de l'après-guerre dont il diffuse l'esprit à l'étranger, à travers, notamment, des reportages pour *Life*. Professant, tout comme Doisneau, une pratique artisanale de la photographie, il voit dans cette dernière un exercice dont le but ultime est de parvenir à « maîtriser le hasard ». Membre de l'agence Rapho et du groupe des XV, son œuvre, étroitement associée, parfois de manière réductrice, à Paris, est notamment présente dans l'exposition *The Family of Man*.

– le Leica ou encore plus le Rolleiflex – ; l'absence de recherche d'angles nouveaux ou dynamiques ; et de manière plus générale une méfiance à l'égard des expérimentations techniques et du travail de laboratoire.

En France les représentants les plus éclatants du genre sont divers membres du groupe des XV, Robert Doisneau, Willy Ronis, Pierre Bovis, René-Jacques, Pierre Jahan – dont certains se retrouvent au sein de l'agence Rapho –, auxquels il convient d'ajouter Izis, ou Boubat. Ces derniers imposent l'image du photographe flâneur posant un regard empathique sur le monde alentour. Paris apparaît comme leur principal sujet, un Paris populaire et naïf, celui du ventre des halles, de la foire à la ferraille, des fêtes foraines, des graffitis et des amoureux, dont ils contribuent à renforcer le mythe. Leur œuvre est abondamment diffusée par le biais du livre, de *Paris des rêves* (Izis, 1951) à *La Banlieue de Paris* (Doisneau, 1956), mais également par la presse française qui se fait largement l'écho de leurs images, parfois les plus sentimentales, via les magazines *Réalités*, *Plaisirs de France*, voire *Paris-Match*.

Si la France reste dans l'après-guerre le principal centre de la photographie humaniste, celle-ci s'exprime également fortement aux États-Unis, et plus singulièrement à New York, dans la mouvance

Depuis 1930 et jusque dans les années 1960, Brassaï traque les graffitis muraux (ci-dessous, *Le Roi Soleil*, 1945-1950), qu'il agence et classe en séries et qu'il expose en 1956 au MoMA à New York, puis en Europe avant de les publier au tout début des années 1960. Leur aspect brut, populaire, renvoie aux tendances de l'art contemporain, à l'art de Dubuffet comme aux peintres informels.

de la Photo League et de ses préoccupations sociales : liés de près ou de loin à ce mouvement, Helen Levitt, Lisette Model, Louis Faurer ou Leon Levinstein et quelques autres proposent, au début des années 1950, une vision plus heurtée et inquiète, moins harmonieuse, de l'homme dans la ville que leurs homologues européens, en jouant fortement des contrastes, du flou, de la nuit et des rythmes du jazz. On y retrouve très présente la marque de la photographie de presse d'un Weegee, que certains, telle Lisette Model, connaissent de longue date.

Tous, Français comme Américains, sont représentés, en 1955, dans l'exposition organisée par Edward Steichen au Museum of Modern Art de New York, *The Family of Man*. Manifeste de la photographie humaniste, réponse aux dévastations de la guerre et exaltation de la grandeur américaine se conjuguent dans le cadre de cette exposition-

Proche de Weegee, membre de la Photo League, Lisette Model professe, dans les années 1940, une certaine désinvolture à l'égard de la photographie et de sa technique : images agrandies laissant apparaître leur grain, ou encore photographies réalisées à l'aide d'un appareil disposé au ras du sol, enregistrant, presque au hasard, le mouvement de la rue (ci-dessus, *Shadows*, 1940-1941).

LES INCERTITUDES DE L'APRÈS-GUERRE 115

événement qui invite chaque photographe à communiquer « sa compassion profonde pour tout ce qui est humain ». *The Family of Man* apparaît rétrospectivement comme le chant du cygne d'une certaine conception humaniste de la photographie.

Formé à l'époque du pictorialisme finissant, associé un temps au surréalisme tchèque, Josef Sudek évolue vers une photographie dépouillée, immobile.

116 CHAPITRE

LES INCERTITUDES DE L'APRÈS-GUERRE 117

L'exposition *The Family of Man* (Museum of Modern Art, New York, 1955) présente, en 503 photographies prises par 273 photographes provenant de 68 pays, l'homme, de la naissance à la mort, et s'achève sur l'évocation d'une paix universelle. Bien que contestée, accusée tantôt de sentimentalisme tantôt de gommer les spécificités individuelles des photographes au profit d'un message, l'exposition remporte un succès colossal, attirant, lors de ses très nombreuses itinérances, (Tokyo, Berlin, Paris, Amsterdam, Munich, Londres, Moscou), neuf millions de visiteurs. Directement inspirée des recherches scénographiques des avant-gardes de l'entre-deux-guerres, de Lissitzky à Bayer, la muséographie de l'exposition entend véritablement faire réfléchir le visiteur à sa place au sein de cette famille humaine, au long d'un parcours soigneusement conçu : le mur d'entrée en Plexiglas (ci-contre) sur lequel sont disposées des images relatives à l'amour et au mariage laisse déjà entrevoir, par transparence, d'autres thématiques.

La photographie subjective

Parallèlement et parfois en opposition à ce courant humaniste, se développe après la guerre une photographie plus attachée à la forme qu'au sujet et qui entend entre autres renouer avec les expérimentations de la Nouvelle Vision des années 1920. Ce renouveau d'intérêt est à replacer dans un contexte plus vaste, celui de la redécouverte de pratiques abstraites, notamment en Allemagne, d'où le nazisme les avait bannies. Fondé en 1947 autour d'Otto Steinert, photographe, enseignant et historien de la photographie, le groupe Fotoform (Peter Keetman, Siegfried Lauterwasser, Wolfgang Reisewitz, Toni Schneiders et Ludwig Windstosser, auxquels s'ajoutent Heinz Hajek-Halke et Christer Strömholm) apparaît à l'avant-garde de ce courant.

Le mouvement de la photographie subjective doit son nom à l'exposition *Subjektive Fotografie* que Steinert organise en 1951 à Sarrebruck. S'écartant délibérément d'une pratique documentaire, Steinert souhaite « présenter une sélection des esprits créateurs de la photographie moderne ». Sous cette formulation quelque peu vague, l'exposition entend promouvoir une photographie « dans laquelle l'artiste a fait subir aux données de la réalité extérieure les transformations que lui suggère sa vision personnelle du monde ».

Ce mouvement, essentiellement européen, regroupait des sensibilités et des styles très divers réunis sous la bannière de la subjectivité. Steinert, conforme finalement en cela aux conceptions très ouvertes d'un Moholy-Nagy, pouvait rassembler

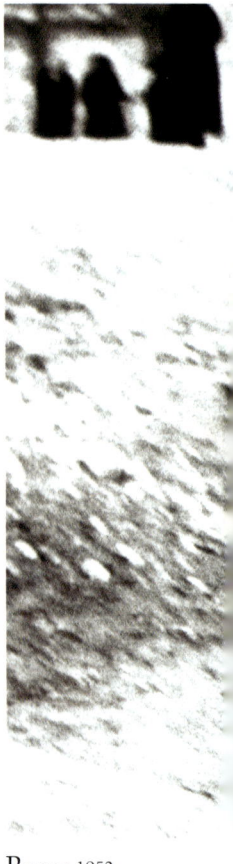

Paru en 1952, *Subjektive Fotografie* (à gauche) apparaît comme le livre manifeste du mouvement éponyme. Les photographies retenues, qui font la part belle à l'expérimentation et aux recherches formelles proches de l'abstraction, de même que la présence de Franz Roh, placent l'ouvrage dans le sillage de la Nouvelle Vision.

dans la même exposition des pratiques très variées, allant des expérimentations non objectives souvent réalisées sans appareil d'un Pierre Cordier (chimigrammes) ou d'un Hajek-Halke (dessins-lumière) à des travaux proches de la photographie humaniste (Izis, Doisneau, Édouard Boubat). Par ailleurs le mouvement englobait des œuvres diverses et singulières de photographes de générations différentes, tels les travaux des années 1950 des « anciens » Bill Brandt ou Brassaï, ou ceux, à la frontière du document et de l'expérimentation, de l'Italien Mario Giacomelli.

Imprimeur de formation, puisant son inspiration dans l'Italie rurale, Giacomelli (ci-dessus) fonde l'essentiel de son style sur de forts contrastes de noir et de blanc, brouillant la réalité parfois jusqu'à l'onirisme, à la rencontre de la photographie subjective et d'une tradition humaniste.

«Creative Photography»

De ce mouvement, on peut rapprocher, aux États-Unis, le courant de la Creative Photography (Minor White, Aaron Siskind, Harry Callahan, Frederick Sommer…). Cette dernière est née d'un double héritage : celui, spécifiquement américain, de la photographie d'art de Stieglitz, diffusée notamment par Minor White au sein de sa revue *Aperture*

Des jeunes artistes peintres des années 1950, Robert Rauschenberg est un de ceux dont l'intérêt pour la photographie est le plus manifeste. Sensibilisé à la photographie au Black Mountain College, il pratique cette dernière de manière assidue, à New York, à la fin des années 1940 et au début des années 1950. Ses clichés, d'un grand dépouillement (ci-contre, *Ceiling with Light Bulb*, 1952), évoquent les recherches formelles contemporaines de la Creative Photography, comme elles dénotent une attention portée aux objets triviaux du quotidien. Enfin, dès le milieu des années 1950, il mêle la photographie à son processus de création picturale, au sein de ses *combine paintings*, marquées par l'esthétique du collage et de l'assemblage, anticipant ainsi un mouvement appelé à se développer dans les années 1960.

(1952), et celui, européen, de la Nouvelle Vision, transmis à la fin des années 1930 et au début des années 1940 par quelques exilés européens, dont Moholy-Nagy qui, avec le New Bauhaus (1937), puis l'Institute of Design (1939), à Chicago, joue un rôle déterminant pour la propagation des idées modernistes dans la photographie américaine.

Tout comme la photographie subjective, la Creative Photography englobe des approches très diverses, parfois proches de certaines pratiques picturales abstraites (Siskind) ou surréalisantes

LES INCERTITUDES DE L'APRÈS-GUERRE 121

(Sommer, Laughlin), qui procèdent d'une même volonté d'expression objective d'une subjectivité, selon un processus cher au Stieglitz de l'entre-deux-guerres : les formes et les objets y acquièrent une portée symbolique, souvent renforcée par un fort dépouillement et de violents contrastes de noirs

Qu'il s'agisse de paysages, de vues urbaines ou de portraits et de nus, la photographie de Callahan, ingénieur de formation, enseignant

et de blancs. Aaron Siskind et Harry Callahan, tous deux professeurs à l'Institute of Design, apparaissent comme les figures majeures de cette tendance, qu'ils contribuent également à faire connaître à travers leur enseignement, en 1951, au Black Mountain College (en Caroline du Nord), sensibilisant aux potentialités de la photographie une nouvelle génération d'artistes.

à l'Institute of Design de Chicago, se distingue par ses compositions fortement architecturées et son caractère très graphique, qui évoquent l'héritage du Bauhaus (ci-dessus, *Wells Street*, 1949).

Remises en cause

Au milieu des années 1950, une nouvelle génération commence à s'épanouir, notamment aux États-Unis, sous la houlette du grand directeur artistique Alexeï Brodovitch. Déjà, depuis la fin des années 1940, Richard Avedon et Irving Penn proposaient, dans les pages de *Vogue* et de *Harper's Bazaar*, une nouvelle approche de pratiques très codifiées (le portrait, la mode), imposant un véritable regard d'auteur et contribuant, encore plus que leurs aînés de l'entre-deux-guerres, à un décloisonnement des genres. Le premier, par un travail en studio et un soin attentif apporté au tirage, possédait un style graphique, marqué par un certain statisme hiératique et élégant. Le second, privilégiant le travail en extérieur, jouait du dynamisme de ses sujets, dans la mouvance d'un Munkàcsi.

Ces années-là, un nombre croissant de jeunes photographes présentent une écriture souvent inquiète, parfois ironique, en rupture tant avec l'humanisme de leurs aînés qu'avec le photoreportage narratif de la presse illustrée.

La réussite incontestable du *New York* de William Klein, paru en 1956 (ci-dessous), est redevable, plus qu'à la qualité intrinsèque des images, à la cohérence de l'ensemble, conçu et mis en page par Klein lui-même, qui prétendait vouloir « faire quelque chose de parfaitement vulgaire ». Le recours aux pleines pages, à la technique du collage, les fréquentes ruptures de rythme en font un livre jazz, grand ouvrage pré-pop sur la culture urbaine américaine.

Au premier rang de ceux-là figurent le Suisse Robert Frank et l'Américain William Klein. Par-delà leur diversité, tous deux proposent leur vision de l'Amérique, sous la forme de deux ouvrages : *New York*, de Klein (1956), et *Les Américains*, de Frank (1958, édition française ; 1959, édition américaine).

Refusant la narration, réfutant l'idée de perfection et la notion de « bonne » photographie, utilisant de petits appareils qu'ils déclenchent souvent au jugé, tous deux rompent avec certains codes classiques. Ils se situent néanmoins dans une tradition, celle du noir et blanc de la photographie de rue de l'école de New York, mais également, pour Frank, dans la lignée d'une pratique européenne, celle des Suisses Gotthard Schuh et, surtout, Jakob Tuggener. Après avoir, dans l'immédiat après-guerre, sillonné l'Europe et l'Amérique du Sud, Robert Frank voyage aux États-Unis, entre 1954 et 1956. Étranger et solitaire, il photographie « n'importe quoi » et pose un regard désenchanté sur le rêve américain, dans une veine qui se veut à la fois réaliste et visionnaire. Klein, quant à lui, peintre de formation, pratique un style plus graphique, et insiste davantage sur le rapport des vues entre elles. Utilisant le grand angle, jouant sur les distorsions et le grain de l'image, Klein réalise des photographies souvent surchargées et frénétiques, qu'il souhaite « aussi vulgaires que les *news* ».

Initialement publié en France en 1958, *Les Américains* de Robert Frank (ci-dessous) connaîtra une version américaine l'année suivante, avec une préface de Kerouac. Donnant une vision sombre de l'Amérique, s'attachant au trivial, proposant des images sans message univoque, l'ouvrage fonde un nouveau courant documentaire, en rupture tant avec l'humanisme de *The Family of Man* qu'avec l'« instant décisif » de Cartier-Bresson. La renommée de l'ouvrage contribue, pour la génération suivante, à faire du livre le principal moyen de diffusion de l'œuvre photographique.

Double page suivante, une photographie d'Avedon mise en page dans *Harper's Bazaar*, octobre 1950.

Nouvelles vagues

Si les États-Unis apparaissent comme le principal foyer d'une nouvelle approche photographique (aux noms de Klein et Frank peuvent être ajoutés ceux de Garry Winogrand et Diane Arbus, qui font leurs premières armes), ils ne sont pas les seuls.

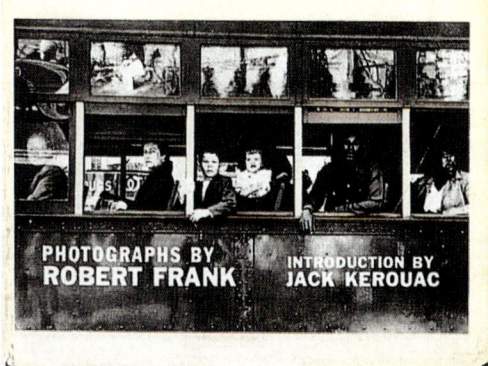

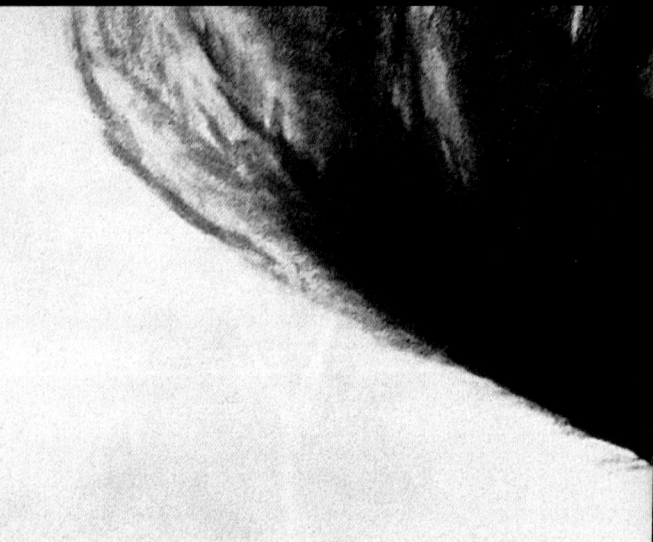

THE BEAUTIFUL INDIVIDUALIST

● An Englishman touring America by car reports that he had a strange illusion—
for weeks he thought he was traveling one jump
behind a bus load of beauties because at every town
where he stopped he saw the same pretty girls with the
same pretty hair and the same dazzling smiles.
An Irishman has the same reaction; he labels American girls
Kate and Duplicate. And a mother tells us that she sent a real girl off
to boarding school and got back a carbon copy of a thousand others.
The more we hear, the more we are sure that the high
standard of American good looks is not only our pride but our dilemma.
How can a woman today stand out from the masses
of other pretty women who cross her path? It seems to us that the clue
to the beautiful individualist is EMPHASIS.
The face you never forget is the one that knows its best features and
deliberately accents them. Your beauty may be in your eyes—
then remember that the difference between pretty eyes and unforgettable
eyes is determined by make-up. It may be your hair—
then lavish time and money on its care, tint it and coif it in wonderful ways.
Your beauty may lie not in your facial contours
but in your quality—ethereal, vivid, or polished as porcelain.
Or—and don't struggle to hide it—your very irregularity may be what you've got
that she hasn't got: an erratic eyebrow, a bold
nose or, like the lady opposite, a neck long and curving as a swan's.

En Europe, les Néerlandais Johan Van der Keuken et Ed Van der Elsken proposent, à la même période, des livres originaux : *Wij Zijn 17* (1955) et *Achter glas* (1957) pour le premier, *Een Liefdesgeschiednis in Saint-Germain-des-Prés* (1956) pour le second, jouant sur divers genres de narration, le roman-photo ou le journal intime.

Au Japon, l'agence Vivo, créée en 1959 autour, notamment, de Shomei Tomatsu et Eikoh Hosoe, met en avant le regard d'un photographe-auteur. Ses photographes proposent une vision différente et souvent dérangeante du Japon, loin de l'imagerie traditionnelle, et reviennent notamment sur l'expérience de la guerre et le traumatisme d'Hiroshima.

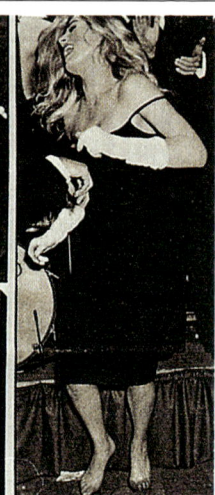

De ces pratiques d'auteur, volontairement en rupture, il convient de rapprocher l'émergence, en Italie, à la même période, avec notamment Tazio Secchiaroli, de la figure du « paparazzo », le photographe voleur d'images, qu'immortalisera Fellini dans sa *Dolce Vita* (1962). Rompant avec la conception photographique humaniste du grand photoreporter, le paparazzo entreprend de provoquer, souvent de façon brutale, ses propres instants décisifs, dans une recherche systématique du scandaleux et du spectaculaire. Ce faisant, il contribue involontairement, par ses images pauvres, non composées, écrasées par la pratique systématique du flash, à forger un style original. Comme l'indique une de ses figures phares, Rino Barillari, « étudier

Prônant « le lien direct entre l'appareil photographique et le modèle » et « l'instantané pur », Ken Domon, figure importante de la photographie japonaise d'après-guerre, apparaît comme le principal défenseur du réalisme en photographie et d'une approche sociale du sujet, particulièrement évident dans son livre sur les rescapés d'Hiroshima (1958, ci-dessous).

Photographié par Secchiaroli, le strip-tease de l'actrice Aiche Nana au Rugantino, un restaurant romain, au cours d'une soirée mondaine (ci-contre), reste un des événements fondateurs de la photographie de style paparazzi. Il inspira à Fellini la scène finale de son film *La Dolce Vita*, mettant en scène les tribulations nocturnes d'un journaliste, Marcello, et de son collègue photographe, Paparazzo, directement inspiré de Secchiaroli.

la technique de la photographie ne sert à rien. La véritable école, c'est la rue. Quand il y a le personnage, rien d'autre ne compte, parce qu'une photo documentaire qui montre l'événement, même si elle est laide, vaut bien plus qu'une image artistiquement composée ».

La fin des années 1950 voit donc l'émergence de diverses sensibilités remettant en cause une tradition humaniste ou une pratique devenue classique du reportage au profit de nouvelles approches. Plus critiques vis-à-vis de leur outil comme de leurs sujets, moins attachés que leurs aînés à la recherche d'une perfection, les photographes bousculent les valeurs établies annonçant une évolution appelée à s'amplifier dans les années 1960.

Empruntant au style du roman-photo tout comme au journal intime, Van der Elsken inaugure avec son ouvrage sur Saint-Germain-des-Prés (ci-dessus) un ton nouveau.

TÉMOIGNAGES ET DOCUMENTS

130
La photographie, langage moderne

134
Vérité et mensonges

138
Pratiques de photographes

142
Influences de la photographie

146
Images de presse

150
Annexes

La photographie, langage moderne

La photographie a exercé une véritable fascination sur la plupart des mouvements d'avant-garde des années 1920, des constructivistes aux surréalistes. Technique moderne, en marge des beaux-arts, elle jouit alors d'un prestige renouvelé qui en fait aux yeux de nombre d'artistes l'instrument privilégié d'une appréhension nouvelle du monde.

Un art supérieur

Il y a cent ans que la photographie est inventée, elle vient seulement d'être vraiment découverte. Elle devrait être le brillant instrument de notre éducation optique ; pendant de nombreuses années on l'a mal employée, elle a donné l'image de formes rigides au lieu de fixer le jeu, jusqu'ici insaisissable, de l'ombre et de la lumière. (On a fixé une lampe électrique dans la lampe à pétrole.)

L'ancien thème qui a toujours inspiré les vieux maîtres reste irréalisé dans l'esprit du photographe. Il s'en tient toujours à l'ancienne forme d'expression, telle que l'a conçue l'artisan. Pour le plus grand nombre, l'appareil photographique n'est qu'une machine à dessiner, ou le pinceau mécanique qui la sert. « L'art » supérieur qui doit être réalisé au moyen de la chambre noire est encore à créer à la sueur de notre front. Un appareil spécialement travaillé aidera à l'atteindre. La physique, une connaissance approfondie des lois de l'optique, permettent de construire des lentilles qui donnent une image adoucie, émouvante, évoquant les tableaux d'anciens maîtres, et qu'un appareil classique ne pourrait jamais créer.

La jeune génération a compris l'insuffisance de l'ancienne technique et de l'ancien outillage ; elle a étudié les lois propres à la photographie et s'est efforcée de les utiliser. Les premiers essais sont assez primitifs, souvent même brutaux et, à cause même de leur sincérité, toujours rudimentaires. Mais on possède des notions contrôlables qui orienteront les progrès à réaliser.

1. La photographie est une image lumineuse qui doit répondre au sentiment profond de vie intérieure (photogramme).
2. La photographie est la conception documentaire du monde extérieur, telle que nous la donne le sens de la vue (photographie avec la chambre noire).

Il peut aussi y avoir des recoupements, des complications dans les rapports, des plans différents qui font se toucher étroitement les anciens et les nouveaux domaines des réalisations de l'optique. On conçoit qu'ici apparaissent les premiers symptômes de la relativité des connaissances, une sublimation, une intellectualisation des moyens de puissance créatrice. Le problème de la coloration pigmentaire s'exprimant par un jeu d'ombres et de lumières est étudié d'une part ; de l'autre, les jeux de la lumière réfléchie et ceux de la lumière projetée, puis apparaît la possibilité

Couverture de *Peinture, photographie, film* de Moholy-Nagy, *Bauhaus Bücher*, nº 8, 1927.

d'exécuter une représentation documentaire plus étendue par le passage de la photographie immobile et froide, à l'image mouvante du film.

> László Moholy-Nagy, « La photographie, ce qu'elle était, ce qu'elle devra être », *Cahiers d'art*, Paris, nº 1, avril 1929, traduit de l'anglais par Nanon Gardin

Le véhicule de la poésie et du surréel

Quand abandonnera-t-on le dessinateur inefficace pour lui substituer l'émotion vive du témoignage photographique ? Ce n'est pas ici le moment de refaire l'éloge de la photographie, que nous n'avons cessé de répéter avec tant de ferveur, mais seulement de réclamer son emploi dans tous les cas dans lesquels persistent encore les mauvais dessins.

L'emploi du témoignage photographique, cependant accapare chaque jour de nouvelles disciplines et ses nouvelles et puissantes possibilités atteignent les activités les plus diverses, qu'on ne peut vérifier à ce jour qu'avec une approximation que nous pourrions quasi qualifier de sentimentale.

Depuis des œuvres strictement scientifiques – histoires naturelles, géographie, etc. – jusqu'à de récentes tentatives dans le roman (*Nadja*, André Breton), le témoignage photographique est intervenu de la même manière que dans la publicité ou dans le poème pur.

La photographie est capable de réaliser le catalogue le plus complet, scrupuleux et émouvant que l'homme n'aurait jamais pu imaginer. Depuis la subtilité des poissons aux gestes les plus rapides et fugaces des animaux sauvages, la photographie nous offre mille images fragmentaires qui donnent lieu à une totale connaissance dramatique. La coupole de la cathédrale, située à dix mètres de haut dans une obscurité constante, n'est révélée par la photographie avec toute la finesse de détails que si l'habile photogénie à laquelle le photographe peut soumettre les choses nous la fait connaître.

En plus de l'implacable rigueur à laquelle le témoignage photographique soumet notre esprit, celui-ci est toujours et ESSENTIELLEMENT LE VÉHICULE LE PLUS SÛR DE LA POÉSIE et le procédé le plus agile pour percevoir les transvasements les plus délicats entre la réalité et la surréalité.

Le seul fait de la transposition photographique implique déjà une invention totale : l'enregistrement d'une RÉALITÉ INÉDITE. Rien n'est venu donner autant raison au surréalisme que la photographie. Facultés inusitées de surprise de l'objectif Zeiss !

> Salvador Dalí, « El testimoni fotogràfic » (Le témoignage photographique), *La Gaceta de les arts*, Barcelone, nº 6, février 1929

Une arme révolutionnaire

1. La photographie, médium le plus efficace pour toucher les masses, est une arme de première importance dans la révolution culturelle. Fixer des faits sociaux dans leur vérité, sans préparation et sans mise en scène, nous permet à la fois de stimuler et d'exposer la lutte pour une culture socialiste.

2. Nous sommes résolument opposés à toute forme de falsification qui, en modifiant le sens de la photographie, dévalorise la réalité. Les masses se méfient de ces mises en scène qui les amènent à douter de la valeur documentaire de la photographie et discréditent notre lutte spontanée et décisive dans le domaine culturel. Nous sommes opposés à l'art que prône l'AKhRR, à la douceur maladive que véhiculent systématiquement ces sourires béats, cette glorification des usines, ces sempiternels travailleurs armés de faucilles et de marteaux, et les casquettes de l'Armée Rouge (Hourrah ! lançons nos casquettes en l'air !). […]

Nous sommes contre la notion – importée de l'Occident bourgeois – de «nouvelle photographie» ou de «photographie de gauche».

Nous sommes contre l'esthétique de l'abstraction, contre la photographie «de gauche» comme celle de Man Ray, Moholy-Nagy, etc.

3. Nous sommes pour une photographie correspondant à l'esthétique révolutionnaire, distincte des traditions de la peinture en tant que telle et de l'absence d'objectivité de la «photographie de gauche». Nous voulons une photographie révolutionnaire, matérialiste, ancrée dans le social, une photographie qui se donne pour but le développement et la propagation d'un mode de vie socialiste et d'une culture communiste.

La photographie jouera un rôle considérable dans la mise en forme d'un art prolétarien en faisant reculer les techniques dépassées de la représentation artistique et en servant les intérêts idéologiques du prolétariat.

4. L'actualité de l'impact idéologique de la photographie sur le spectateur, la transmission en continu de la réalité de la construction socialiste et de la discréditation de la société capitaliste qu'elle permet, l'usage des techniques les plus modernes et des moyens les plus efficaces pour véhiculer la réalité matérielle – c'est tout cela qui devra désormais constituer le modèle « artistique » de la photographie.

5. Tous ceux qui rejoindront la Section Photo du groupe Octobre doivent avoir un lien avec la production, c'est-à-dire travailler dans l'imprimerie, les journaux ou les magazines, etc. […] Seule la participation à la production industrielle peut garantir le sens social du travail du travailleur-photographe.

6. La Section Photo se prononce en faveur d'une étude collective des tâches définies par le Parti et des méthodes photographiques spécifiques nécessaires à l'accomplissement de ces tâches.

7. Voici ce que devraient être nos méthodes de travail : connaissance politique, détermination de classe en faveur du prolétariat, connaissance approfondie des techniques photographiques.[…]

8. Il découle de tout ce qui précède que nous, travailleurs en photographie, subordonnons consciemment toute notre activité aux impératifs de la lutte des classes menée par le prolétariat en faveur de la nouvelle culture communiste.

Programme de la Section Photo du groupe Octobre, 1931,

in Christopher Phillips, *Photography in the Modern Era, European Documents and Critical Writings, 1913-1940*, The Metropolitan Museum of Art / Aperture, New York, 1989, traduit de l'anglais par Nanon Gardin

Une beauté triomphante

La beauté triomphante de la photographie tient à la perfection des appareils photographiques modernes, à la qualité des pellicules, des procédés photochimiques et des techniques de reproduction. Pour la plus grande partie des hommes d'aujourd'hui, l'album photo où sont classées les images des derniers événements suffit à satisfaire leur envie de plaisirs visuels, dans une catégorie injustement monopolisée jusqu'ici par la peinture. Le travail de la main est incapable de rivaliser avec la précision et le fini que permet l'appareil photographique. Que dire encore ? L'humanité n'a nul besoin d'images truquées, « d'humeur », et les abandonne volontiers aux vieux murs des fabricants de kitsch. Nul besoin non plus de photographie à l'eau de rose, soi-disant artistique. Le caractère photogénique de la pellicule moderne est encore renforcé par les possibilités optiques de la photographie, et sa reproductibilité est une véritable bénédiction.

La beauté de la photographie aérienne, plus spectaculaire que toute autre, produit sur l'imagination un effet extraordinaire. La vue de ces cratères, ces chenaux marins et ces chaînes de montagne nous fait découvrir une nouvelle organisation de l'espace.

La beauté de la photographie scientifique à travers le microscope et de la photographie astronomique au travers du télescope est elle aussi grandiose, qualité renforcée par leur caractère absolument authentique. Il suffit de rappeler que c'est en révélant une plaque photographique que l'on a découverte une nouvelle étoile. Et ces photographies de traînées d'atomes et d'électrons réalisées par C.T.R. Wilson : les plus petites particules de matière en photo ! Et les schémas des structures de cristaux sur les photographies aux rayons X de Laue – preuve photographique de l'existence de pictogrammes géométriques primaires dans l'organisation de la matière ! Et la planète Saturne dans la sombre sobriété de l'image télescopique. Les battements du cœur humain aux rayons X sur une petite bande de film cinématographique. Tous ces exemples rivalisent, en terme d'impression optique pure, avec les compositions subjectives de Man Ray. Et c'est dans le même temps une beauté reproductible à l'infini.

Il n'y a rien à attendre des images peintes à l'avenir, mais il faut demeurer prudent en ce qui concerne les développements futurs de la photographie. La retransmission sans fil d'images à distance, de même que l'optophonie, comptent au nombre des fruits dont la maturation est en cours dans le domaine inconnu des plaisirs esthétiques du futur. Il y a encore loin du film à l'optophonie – l'idée étant qu'il serait possible de transformer en son des « images de son », mais pourquoi ne serait-il pas possible de transformer une photographie en son ? Les téléphones capables de transformer en son la photographie créeront pour les générations futures quelque chose qui est encore pour nous du domaine de l'imaginaire, la musique incluse dans la photographie.

Vilem Santholzer, « La beauté triomphante de la photographie », 1925, *in* Christopher Phillips, *idem*

Vérité et mensonges

Cherchant à définir la spécificité de leur médium, nombre de photographes insistent, à partir des années 1920, sur son objectivité, érigée en caractéristique essentielle. Pourtant, dans le même temps, le vieil adage selon lequel «la photographie ne saurait mentir», déjà ébranlé au XIXe siècle, est profondément remis en cause.

Lewis W. Hine

Qu'il s'agisse d'une peinture ou d'une photo, l'image est un symbole qui nous met immédiatement en contact étroit avec le réel. Elle nous parle un langage qui remonte aux premiers temps de l'espèce et de l'individu – comme en témoignent les anciens pictogrammes et l'enfant d'aujourd'hui absorbé dans son livre d'images. Pour les vieux enfants que nous sommes, l'image continue de nous raconter une histoire, emballée dans une forme aussi condensée que vitale. En fait, l'image est souvent plus efficace que la réalité car elle en élimine les aspects secondaires et conflictuels. La preuve nous a été donnée, au cours des dernières années, par la multiplication des images, que ce soit dans les journaux, les livres ou les expositions.

La photographie détient un supplément de réalisme qui n'appartient qu'à elle – un attrait que l'on ne retrouve dans aucun autre type d'illustration. C'est pourquoi celui qui la regarde pense généralement qu'elle ne peut pas tromper.

Certes, vous savez comme moi que cette foi aveugle en l'intégrité du photographe est souvent fort ébranlée, car si la photo ne saurait mentir, il existe des menteurs photographes. Lorsque nous cherchons à montrer la vérité, il faut donc absolument veiller à ce que l'appareil dont nous dépendons ne prenne pas de mauvaises habitudes.

Lewis Wickes Hine, 1909,
in Brook Johnson, *Photography Speaks,
150 Photographers on their Art*,
Aperture Foundation, New York, 2004,
traduit de l'anglais par Nanon Gardin

Auguste Rodin

– Ne m'avez-vous pas déclaré à mainte reprise que l'artiste devait toujours copier la Nature avec la plus grande sincérité?

– Sans doute, et je le maintiens.

– Eh bien! quand, dans l'interprétation du mouvement, il se trouve en complet désaccord avec la photographie, qui est un témoignage mécanique irrécusable, il altère évidemment la vérité.

– Non, répondit Rodin; c'est l'artiste qui est véridique et c'est la photographie qui est menteuse; car dans la réalité le temps ne s'arrête pas: et si l'artiste réussit à produire l'impression d'un geste

Couverture de *Men at Work: Photographic Studies of Modern Men and Machines*, de Lewis W. Hine, 1932.

qui s'exécute en plusieurs instants, son œuvre est certes beaucoup moins conventionnelle que l'image scientifique où le temps est brusquement suspendu. Et c'est même ce qui condamne certains peintres modernes qui, pour représenter des chevaux au galop, reproduisent des poses fournies par la photographie instantanée.

Ils critiquent Géricault parce que dans sa *Course d'Epsom*, qui est au Louvre, il a peint des chevaux qui galopent ventre à terre, selon l'expression familière, c'est-à-dire en jetant à la fois leurs jambes en arrière et en avant. Ils disent que la plaque sensible ne donne jamais une indication semblable. Et en effet dans la photographie instantanée, quand les jambes antérieures du cheval arrivent en avant, celles d'arrière, après avoir fourni par leur détente la propulsion à tout le corps, ont déjà eu le temps de revenir sous le ventre pour recommencer une foulée, de sorte que les quatre jambes se trouvent presque rassemblées en l'air, ce qui donne à l'animal l'apparence de sauter sur place et d'être immobilisé dans cette position.

Or, je crois bien que c'est Géricault qui a raison contre la photographie : car ses chevaux paraissent courir : et cela vient de ce que le spectateur, en les regardant d'arrière en avant, voit d'abord les jambes postérieures accomplir l'effort d'où résulte l'élan général, puis le corps s'allonger, puis les jambes antérieures chercher au loin la terre. Cet ensemble est faux dans sa simultanéité ; il est vrai quand les parties en sont observées successivement et c'est cette vérité seule qui nous importe puisque c'est celle que nous voyons et qui nous frappe.

Notez d'ailleurs que les peintres et les sculpteurs, quand ils réunissent dans une même figure différentes phases d'une action, ne procèdent point par raisonnement ni par artifice. Ils expriment tout naïvement ce qu'ils sentent. Leur âme et leur main sont comme entraînées elles-mêmes dans la direction du geste, et c'est d'instinct qu'ils en traduisent le développement.

Ici, comme partout dans le domaine de l'art, la sincérité est donc la seule règle.

Auguste Rodin,
L'Art, Entretiens réunis
par Paul Gsell, Grasset, 1911

Marcel Proust

Ce qui, mécaniquement, se fit à ce moment dans mes yeux quand j'aperçus ma grand-mère, ce fut bien une photographie. Nous ne voyons jamais les êtres chéris que dans le système animé, le mouvement perpétuel de notre incessante tendresse, laquelle avant de laisser les images que nous présente leur visage arriver jusqu'à nous, les prend dans son tourbillon, les rejette sur l'idée que nous nous faisons d'eux depuis toujours, les fait adhérer à elle, coïncider avec elle. Comment, puisque le front, les joues de ma grand'mère, je leur faisais signifier ce qu'il y avait de plus délicat et de plus permanent dans son esprit, comment, puisque tout regard habituel est une nécromancie et chaque visage qu'on aime, le miroir du passé, comment n'en eussé-je pas omis ce qui en elle avait pu s'alourdir et changer, alors que, même dans les spectacles les plus indifférents de la vie, notre œil, chargé de pensée, néglige, comme ferait une tragédie classique, toutes les images qui ne concourent pas à l'action et ne retient que celles qui peuvent en rendre intelligible le but ? Mais qu'au lieu de notre œil, ce soit un objectif purement matériel, une plaque photographique, qui ait regardé, alors ce que nous verrons, par exemple dans la cour de l'Institut, au lieu de la sortie d'un académicien qui veut appeler un fiacre, ce sera sa titubation, ses précautions pour ne pas tomber en arrière, la parabole de sa chute, comme s'il était ivre ou que le sol fût couvert de verglas. Il en est de même quand quelque cruelle ruse du hasard empêche notre intelligente et pieuse tendresse d'accourir à temps pour cacher à nos regards ce qu'ils ne doivent jamais contempler, quand elle est devancée par eux qui, arrivés les premiers sur place et laissés à eux-mêmes, fonctionnent mécaniquement à la façon de pellicules, et nous montrent, au lieu de l'être aimé qui n'existe plus depuis longtemps mais dont elle n'avait jamais voulu que la mort nous fût révélée, l'être nouveau que cent fois par jour elle revêtait d'une chère et menteuse ressemblance. Et – comme un malade qui, ne s'étant pas regardé depuis longtemps et composant à tout moment le visage qu'il ne voit pas d'après l'image idéale qu'il porte de soi-même dans sa pensée, recule en apercevant dans une glace, au milieu d'une figure aride et déserte, l'exhaussement oblique et rose d'un nez gigantesque comme une pyramide d'Égypte, – moi pour qui ma grand'mère c'était encore moi-même, moi qui ne l'avais jamais vue que dans mon âme, toujours à la même place du passé, à travers la transparence des souvenirs contigus et superposés, tout d'un coup, dans notre salon qui faisait partie d'un monde nouveau, celui du temps, celui où vivent les étrangers dont on dit «il vieillit bien», pour la première fois et seulement pour un instant, car elle disparut bien vite, j'aperçus sur le canapé, sous la lampe, rouge, lourde et vulgaire, malade, rêvassant, promenant au-dessus d'un livre des yeux un peu fous, une vieille femme accablée que je ne connaissais pas.

Marcel Proust,
Le Côté de Guermantes,
Gallimard, 1920

Franz Kafka

Au printemps de 1921, deux appareils photographiques automatiques, qui venaient d'être inventés à l'étranger, furent installés à Prague : ils reproduisaient l'image de la même personne six fois, dix fois ou plus sur la même épreuve.

Quand j'amenai à Kafka une série de photos, je lui dis avec enjouement : «Pour quelques couronnes, on peut se faire photographier sous tous les angles. Cet appareil est un *Connais-toi toi-même* mécanique.»

«Vous voulez dire un *Méprends-toi toi-même*», répondit Kafka avec un léger sourire.

«Que voulez-vous dire ? protestai-je. L'appareil photo ne saurait mentir !»

«Qui vous a dit une chose pareille ?»

Kafka pencha la tête sur son épaule. « La photographie concentre le regard sur la surface. Pour cette raison, elle obscurcit la vie secrète dont la faible lueur traverse les contours des choses comme un jeu de lumière et d'ombre. Cela, même la lentille la plus fine ne saurait le saisir. Il faut le sentir à l'aveuglette… Cet appareil photo automatique ne multiplie pas le regard des hommes; il se contente de lui donner, en infiniment plus simple, un regard de mouche. »

Gustav Janouch,
Conversations avec Kafka,
Maurice Nadeau, 1978

André Bazin

L'originalité de la photographie par rapport à la peinture réside donc dans son objectivité essentielle. Aussi bien, le groupe de lentilles qui constitue l'œil photographique substitué à l'œil humain s'appelle-t-il précisément « l'objectif ». Pour la première fois, entre l'objet initial et sa représentation, rien ne s'interpose qu'un autre objet. Pour la première fois, une image du monde extérieur se forme automatiquement sans intervention créatrice de l'homme, selon un déterminisme rigoureux. La personnalité du photographe n'entre en jeu que par le choix, l'orientation, la pédagogie du phénomène; si visible qu'elle soit dans l'œuvre finale, elle n'y figure pas au même titre que celle du peintre. Tous les arts sont fondés sur la présence de l'homme; dans la seule photographie nous jouissons de son absence. Elle agit sur nous en tant que phénomène « naturel », comme une fleur ou un cristal de neige dont la beauté est inséparable des origines végétales ou telluriques.

Cette genèse automatique a bouleversé radicalement la psychologie de l'image. L'objectivité de la photographie lui confère une puissance de crédibilité absente de toute œuvre picturale. Quelles que soient les objections de notre esprit critique nous sommes obligés de croire à l'existence de l'objet représenté, effectivement re-présenté, c'est-à-dire rendu présent dans le temps et dans l'espace. La photographie bénéficie d'un transfert de réalité de la chose sur sa reproduction. Le dessin le plus fidèle peut nous donner plus de renseignements sur le modèle, il ne possédera jamais, en dépit de notre esprit critique, le pouvoir irrationnel de la photographie qui emporte notre croyance.

Aussi la peinture n'est-elle plus du même coup qu'une technique inférieure de la ressemblance, un ersatz des procédés de reproduction. L'objectif seul nous donne de l'objet une image capable de «défouler», du fond de notre inconscient, ce besoin de substituer à l'objet mieux qu'un décalque approximatif : cet objet lui-même, mais libéré des contingences temporelles. L'image peut être floue, déformée, décolorée, sans valeur documentaire, elle procède par sa genèse de l'ontologie du modèle; elle est le modèle. D'où le charme des photographies d'albums. Ces ombres grises ou sépia, fantomatiques, presque illisibles, ce ne sont plus les traditionnels portraits de famille, c'est la présence troublante de vies arrêtées dans leur durée, libérées de leur destin, non par les prestiges de l'art, mais par la vertu d'une mécanique impassible; car la photographie ne crée pas, comme l'art, de l'éternité, elle embaume le temps, elle le soustrait seulement à sa propre corruption.

André Bazin,
« Ontologie de l'image photographique», 1945,
in Qu'est-ce que le cinéma?, Cerf, 1958

Pratiques de photographes

Voir plus, voir mieux, voir autrement : alors qu'au siècle précédent les écrits de photographe restent rares, ils sont de plus en plus nombreux, à partir de l'essor du pictorialisme, à tenter d'analyser leur conception de la photographie et de réfléchir sur leur pratiques.

Paul Strand

La photographie, première contribution à ce jour de la science à l'art, trouve sa raison d'être, comme tous les médias, dans une caractéristique absolument originale : une objectivité sans nuance, absolue. Contrairement aux autres arts, profondément anti-photographiques, cette objectivité est l'essence même de la photographie et définit à la fois sa contribution et ses limites. De même que la majorité des artistes utilisant d'autres médias méconnaissent les qualités de leurs médiums respectifs, de même les photographes, à l'exception de deux ou trois, n'ont aucune idée des moyens offerts par la photographie. L'étendue du potentiel de chaque médium dépend de la pureté de son utilisation, et toutes les tentatives de mélange des techniques aboutissent à des choses sans vie, comme la gravure coloriée, la peinture sur photo, et, dans la photographie, le tirage à la gomme, à l'huile, etc., dans lesquelles l'intervention manuelle et la manipulation ne traduisent que la frustration de ne pas savoir peindre. C'est parce que les photographes eux-mêmes n'ont pas de respect pour leur matériel et en ignorent les possibilités que le public éclairé n'a aucune considération pour la photographie, et ne la voit que comme un exutoire pour ceux qui ne savent rien faire d'autre.

Le problème qui se pose au photographe est donc de connaître clairement les limites et le potentiel de son médium, car c'est sur cela que repose – autant que sur la qualité du regard – la capacité à rendre compte de la vie. Cela implique un profond respect de l'objet placé sous ses yeux, en termes de clair-obscur (la couleur et la photographie n'ayant rien à voir l'une avec l'autre) grâce à un dégradé de valeurs impossible à rendre manuellement. Cet objectif peut être atteint sans aucun trucage ni manipulation, en se contentant des moyens dont dispose le photographe.

Paul Strand, 1917,
in Brook Johnson, *Photography Speaks, 150 Photographers on their Art*, Aperture Foundation, New York, 2004, traduit de l'anglais par Nanon Gardin

Alfred Stieglitz

Parvenu au bout du pont [de la première classe], je restai là, seul, à regarder vers le bas. L'étage inférieur de l'entrepont était occupé par des hommes, des femmes et des enfants. À la proue du bateau, un escalier étroit menait à un petit pont. Un jeune homme en chapeau de paille de forme ronde, penché sur la barrière, regardait fixement un groupe situé au-dessous de lui. À gauche, une cheminée en oblique. Une passerelle d'un blanc étincelant, fraîchement repeinte, conduisait au pont supérieur.

Cette scène me fascinait : un chapeau rond, la cheminée penchée vers la gauche, l'escalier incliné vers la droite, la passerelle blanche avec ses chaînes, des bretelles blanches croisées dans le dos d'un homme sur le pont inférieur, des machines circulaires en fer, un mât se découpant sur le ciel, complétant un triangle. Je m'attardais, envoûté. Je voyais les relations entre les formes – un tableau fait de formes, et, derrière ces formes, une vision nouvelle s'était emparée de moi : des gens simples; les impressions du navire, de l'océan, du ciel; le sentiment d'être libéré, d'être loin de la clique des «riches». Je pensais à Rembrandt et me demandai s'il aurait ressenti les choses de la même manière que moi.

Alfred Stieglitz, « The Steerage », in *Focus Alfred Stieglitz; « Photographs from the J. Paul Getty Museum*, Paul Getty Museum, 1995, traduit de l'anglais par Nanon Gardin

Publicité pour l'Ermanox, mai 1926.

Edward Weston

La photographie, en tant qu'expression créative, doit permettre de voir plus. Voir, simplement, signifie enregistrer les faits. La photographie ne signifie pas voir au sens où les yeux voient. Nous avons une vision binoculaire, en état de flux continuel, alors que l'appareil photo ne capte qu'un état isolé de ce qui se passe sous nos yeux. Par ailleurs, nous utilisons des lentilles pourvues de focales différentes afin d'exagérer certains aspects de la chose vue, et nous « maîtrisons » la couleur dans le même but. Au moment du tirage, nous poursuivons ce travail de distorsion de la réalité. Tout ceci est parfaitement légitime, mais ce n'est pas voir, c'est voir avec une intention, avec notre raison.

L'appareil photo peut enregistrer « objectivement » une idée tout aussi abstraite que celle qui pourrait être rendue par un peintre ou un sculpteur, car la nature met à notre disposition tout ce qui est imaginable par l'artiste, et l'appareil photo, aux mains d'un individu pensant, dépasse toutes statistiques.

Edward Weston, 1932, in Brook Johnson, *Photography Speaks, 150 Photographers on their Art*, Aperture Foundation, New York, 2004, traduit de l'anglais par Nanon Gardin

Man Ray

Depuis quinze ans que je fais de la photographie, je ne me sers que d'un de mes yeux pour fixer les documents contemporains et, de l'autre (car j'ai conservé un œil pour les besoins individuels et incorrompus), j'observe avec passion les maladresses et les habiletés de ceux qui ont essayé de s'en servir. L'impartialité – parfois de mauvaise grâce – avec laquelle j'ai

Henri Cartier-Bresson, *Paris, place de l'Europe*.

toujours mis cet œil à la disposition de toutes les forces et faiblesses sociales ou personnelles n'était pas l'impartialité d'un manque de conviction, mais provenait de l'espoir que, puisque cet instrument ne peut pas s'isoler, comme le peut la peinture, je trouverais un jour la collaboration qui ferait jaillir une grande lumière. Je dois avouer que ma patience a été bien mise à l'épreuve. Même quand j'étais mon propre collaborateur, je tombais dans des futilités qui m'ont laissé de mauvaises impressions. Par exemple, deux ou trois essais m'ont vite convaincu que l'architecture verticale (églises, gratte-ciel) n'est pas photogénique.
Une pomme, un nu offrent plus de possibilités, parce que leur valeur sociale est infiniment plus grande. Ceux qui avaient les plus égoïstes raisons de tirer avantage de la photographie, les revues activées par des motifs obscurément mercenaires qui ont tenté de m'adapter à leurs besoins, les chercheurs de trouvailles qui sont venus profiter de mes découvertes techniques et n'ont rien trouvé de nouveau convertible à ce qu'ils cherchaient, tous ceux-là ont perdu leurs efforts avec moi. Si l'on n'avait pas eu une entière confiance dans l'automatisme de cet œil fonctionnant avec une conscience sociale imposée par sa physiologie même, sa force était dispersée en faiblesses. Mais quand aucune entrave ne lui était imposée, les résultats, à quelques exceptions près, justifiaient pleinement la confiance qui lui était faite.

Man Ray,
«Sur le réalisme photographique»,
Cahiers d'art, n° 5-6, 1935

Henri Cartier-Bresson

La composition doit être une de nos préoccupations constantes, mais au moment de photographier, elle ne peut être qu'intuitive, car nous sommes aux prises avec des instants fugitifs où les rapports sont mouvants. Pour appliquer le rapport de la section d'or, le compas du photographe ne peut être que dans son œil. Toute analyse géométrique, toute réduction à un schéma ne peut, cela va de soi, être produite qu'une fois la photo faite, développée, tirée, et elle ne peut servir que de matière à réflexion. J'espère que nous ne verrons jamais le jour où les marchands vendront les schémas gravés sur des verres dépolis. Le choix du format de l'appareil joue un grand rôle dans l'expression du sujet, ainsi le format carré par la similitude de ses côtés a tendance à être statique, il n'y a d'ailleurs guère de tableaux carrés. Si l'on découpe tant soit peu une bonne photo, on détruit fatalement ce jeu de proportions et, d'autre part, il est très rare qu'une composition faible à la prise de vue puisse être sauvée en cherchant à la recomposer en chambre noire, rognant le négatif sous l'agrandisseur : l'intégrité de la vision n'y est plus. On entend souvent parler « d'angles de prise de vue » mais les seuls angles qui existent sont les angles de la géométrie de la composition. Ce sont les seuls angles valables et non ceux que fait le monsieur en se jetant à plat ventre pour obtenir des effets ou autres extravagances.

Henri Cartier-Bresson,
Images à la sauvette,
Verve, Paris, 1952

Jack Kerouac

Nous partîmes de New York à midi, par une belle journée de printemps, et nous ne prîmes aucune photo avant d'avoir parcouru le tronçon ennuyeux mais indispensable de la route du New Jersey qui mène à la Route 40 dans le Delaware, où nous nous arrêtâmes pour avaler un sandwich dans un café en bord de route. Je ne voyais ici rien de particulier à photographier ou sur quoi écrire, mais soudain je vis Robert prendre une première photo.

Du comptoir où nous étions assis, il s'était retourné pour photographier un gros semi-remorque où sur deux étages s'empilaient des voitures, qui s'arrêtait dans l'allée de graviers. Il avait pris sa photo à travers la fenêtre, au-dessus d'une table couverte de restes et d'assiettes qu'une famille venait tout juste de quitter pour repartir en voiture, et que la serveuse n'avait pas eu le temps de débarrasser. Je regardai cet ensemble, auquel s'ajoutait le mouvement à l'extérieur, les voitures arrêtées et tous les reflets dans les chromes, les vitres et l'acier des voitures, d'autres voitures, et la route, encore la route. Je compris tout à coup que je m'étais embarqué avec un véritable artiste, que l'art à travers lequel il s'exprimait n'était pas très différent du mien, mais que les difficultés qu'il avait à surmonter étaient bien différentes des miennes. Contrairement à ce que l'on pense en général de la photographie, il n'est nul besoin de grand soleil : les meilleures photos, celles qui ont le plus d'atmosphère, sont prises dans un éclairage faible, dans la semi-obscurité, le soir ou par une journée pluvieuse comme celle de ce jour-là dans le Delaware, en fin d'après-midi, alors qu'il allait pleuvoir et que les lumières commençaient à s'allumer sur la route. [...]

Le lendemain matin, après quelque repos, l'Amérique se réveille à nouveau sous vos yeux dans le joyeux soleil du matin. L'herbe est verte et l'auto-stoppeur dort sur le dos dans le soleil, couché à côté de sa valise en carton et de son manteau. Une voiture passe sur la route – il sait qu'il arrivera quelque part, peut-être, alors pourquoi ne pas dormir un peu. C'est son Amérique à lui. Par-delà son sommeil, les gros semi-remorques défilent sur la grand-route, et l'herbe est semée de sable par plaques. Je suis dans la voiture, stupéfait de voir le photographe guettant sa proie comme un chat ou un ours en colère, s'emparant de tout ce qu'il veut voir. Comme j'aimerais avoir un appareil à moi, un appareil photo un peu fou dans ma tête, qui enregistrerait des instantanés de l'artiste photographe lui-même guettant la photo extraordinaire – une épopée en soi.

Jack Kerouac,
Introduction à Robert Frank,
The Americans,
Delpire, Paris, 1959

Influences de la photographie

Plus encore que la question de la valeur artistique de la photographie – débat récurrent au XIXe siècle – celle de l'influence supposée ou réelle de la photographie sur une évolution des arts, de la peinture à la littérature, retient l'attention de nombre de critiques, philosophes et écrivains, sensibles à la prolifération des images photographiques.

Sur la perception des œuvres d'art

Avec le XXe siècle, les techniques de reproduction ont atteint un tel niveau qu'elles vont être en mesure désormais, non seulement de s'appliquer à toutes les œuvres d'art du passé et d'en modifier, de façon très profonde, les modes d'influence, mais de s'imposer elles-mêmes comme des formes originales d'art. À cet égard rien n'est plus révélateur que la manière dont deux de ses manifestations différentes – la reproduction de l'œuvre d'art et l'art du cinéma – ont réagi sur les formes artistiques traditionnelles. [...]

Il se peut que les conditions nouvelles ainsi créées par les techniques de reproduction laissent par ailleurs intact le contenu même de l'œuvre d'art, elles dévaluent de toute manière son ici et son maintenant. Il en va de même sans doute pour autre chose aussi que l'œuvre d'art, et par exemple pour le paysage représenté sur la pellicule cinématographique ; mais, quand il s'agit de l'œuvre d'art, cette dévaluation le touche au point le plus sensible, là où il est vulnérable comme ne le sont point les objets naturels : dans son authenticité. Ce qui fait l'authenticité d'une chose est tout ce qu'elle contient d'originairement transmissible, de sa durée matérielle à son pouvoir de témoignage historique. Comme ce témoignage même repose sur cette durée, dans le cas de la reproduction, où le premier élément échappe aux hommes, le second – le témoignage historique de la chose – se trouve également ébranlé. Rien de plus assurément, mais ce qui est ainsi ébranlé, c'est l'autorité de la chose.

On pourrait résumer tous ces manques en recourant à la notion d'aura et dire : au temps des techniques de reproduction, ce qui est atteint dans l'œuvre d'art, c'est son aura. Ce processus a valeur de symptôme ; sa signification dépasse le domaine de l'art. On pourrait dire, de façon générale, que les techniques de reproduction détachent l'objet reproduit du domaine de la tradition. En multipliant les exemplaires, elles substituent un phénomène de masse à un événement qui ne s'est produit qu'une fois. En permettant à l'objet reproduit de s'offrir à la vision ou à l'audition dans n'importe quelle circonstance, elles lui confèrent une actualité. Ces deux processus aboutissent à un considérable

ébranlement de la réalité transmise
– à un ébranlement de la tradition,
qui est la contrepartie de la crise que
traverse actuellement l'humanité
et de son actuelle rénovation. Ils sont en
étroite corrélation avec les mouvements
de masse qui se produisent aujourd'hui.

Walter Benjamin, *L'Œuvre d'art à l'ère
de la reproduction mécanisée*, 1936,
in Walter Benjamin, *Écrits français*,
Gallimard, 1991

Sur la peinture

Les questions laissées de côté par la
récente histoire de la peinture, Aragon
les a traitées en 1930 dans un essai
intitulé *La Peinture au défi* – le défi,
c'est la photographie. Cet essai concerne
le changement d'attitude qui a conduit
la peinture à ne plus tourner le dos
à la photographie, alors qu'elle évitait
jusque-là de s'y mesurer. Aragon
explique comment la peinture a opéré ce
revirement en se référant aux travaux de
ses anciens amis surréalistes qui avaient
expérimenté différents procédés :
« L'élément photographique était collé
dans un dessin ou une peinture ;
l'élément dessiné ou peint était surajouté
à une photographie. » Aragon énumère
d'autres techniques, celle, par exemple,
qui consiste à utiliser des reproductions
auxquelles, par découpage, on donne une
forme qui n'a rien à voir avec ce qu'elles
représentent (on peut ainsi découper une
locomotive dans une photo qui
représente une rose). Aragon a cru que
ce procédé, où l'on reconnaît l'influence
du dadaïsme, serait la caution suffisante
de l'énergie révolutionnaire propre
au nouvel art qu'il oppose à l'art
traditionnel : « La peinture tourne au
confortable, flatte l'homme de goût qui
l'a payée. Elle est luxueuse. Or voici qu'il
est possible aux peintres de s'affranchir
de cette domestication par l'argent.
Le collage est pauvre. Longtemps encore
on en niera la valeur. »

Mais c'était en 1930 et, aujourd'hui,
Aragon n'écrirait pas ces phrases.
En cherchant à maîtriser « de manière
artistique » la photographie, les
surréalistes sont tombés à faux.
Ils ont commis la même erreur que
ceux des photographes qui font de la
photographie appliquée, et dont le credo
conformiste s'exprime dans le titre que
Renger-Patzsch a donné à son célèbre
recueil de photos, *Die Welt ist schön*
[Le monde est beau]. Ils n'ont pas su
reconnaître la force d'impact social
de la photographie, et n'ont pas compris
l'importance du titre ou du texte qui
accompagne les photos et provoque
l'étincelle critique propre à un montage
photographique ou à une série d'images
(ce dont Heartfield nous donne le
meilleur exemple). Aragon s'est pour
finir intéressé à John Heartfield ; par
ailleurs, il a, lui aussi, cherché à souligner
dans la photographie son aspect
proprement critique. Aujourd'hui,
Aragon reconnaît cet élément jusque
dans l'œuvre de caractère apparemment
formaliste d'un virtuose de l'objectif
comme Man Ray. Lors du Congrès de
Paris, Aragon déclara qu'avec Man Ray
la photographie avait réussi à reproduire
le style pictural des peintres les plus
modernes : « Qui ne connaîtrait pas
les peintres auxquels il [Man Ray] fait
allusion n'apprécierait pas pleinement
ses réussites. »

Walter Benjamin,
« Peinture et photographie.
Deuxième lettre de Paris, 1936 »,
traduit par Christophe Jouanlanne,
*Les Cahiers du musée
national d'Art moderne*, Paris, 1979

Sans vouloir comparer l'évolution actuelle avec ses inventions scientifiques à la révolution accomplie à la fin du Moyen Âge par l'invention de Gutenberg dans le domaine des moyens d'expression de l'humanité, je tiens à faire remarquer que les réalisations mécaniques modernes telles que la photographie en couleurs, le cinématographe, la profusion des romans plus ou moins populaires,
la vulgarisation des théâtres, remplacent efficacement et rendent désormais parfaitement inutile, en art pictural, le développement du sujet visuel, sentimental, représentatif et populaire. Je me demande vraiment à quoi peuvent prétendre tous ces tableaux plus ou moins historiques ou dramatiques du Salon français devant le premier écran de cinématographe venu. Jamais le réalisme visuel n'y a été rendu aussi intensément.
L'on pouvait soutenir encore, il y a quelques années, qu'il leur manquait tout au moins la couleur : mais la photographie en couleurs est inventée. […]
La photographie exige moins de pose que le portrait, rend plus fidèlement la ressemblance et coûte moins cher.
Le peintre de portraits se meurt, les peintures de genre et d'histoire mourront non pas de leur belle mort, mais tuées par leur époque.

Ceci aura tué cela.

Fernand Léger,
*Les Origines de la peinture
et sa valeur représentative*, Paris, 1913

Sur la littérature

Même, il semblerait tout d'abord que la merveilleuse invention pût tendre à diminuer l'importance de l'art d'écrire, et à se substituer à lui en maintes occasions, plutôt qu'à lui procurer des ressources nouvelles ou des enseignements de grand prix. Le degré de précision auquel le langage peut prétendre, quand on veut l'employer à donner l'idée de quelque objet de la vue, est presque illusoire. Comment dépeindre un site ou un visage, si habiles que nous soyons dans notre métier d'écrivain, de manière que ce que nous aurons écrit ne suggère autant de visions différentes que nous aurons de lecteurs? Ouvrez un passeport, et la question est aussitôt tranchée, le signalement que l'on y griffonne ne supporte pas de comparaison avec l'épreuve que l'on fixe à côté de lui.

Ainsi l'existence de la photographie nous engagerait plutôt à cesser de vouloir *décrire* ce qui peut, de soi-même, *s'inscrire* ; et il faut bien reconnaître qu'en fait, le développement de ce procédé et de ses fonctions a pour conséquence une sorte d'éviction progressive de la parole par l'image.
On dirait même que l'image, dans les publications, est si jalouse de supplanter la parole qu'elle lui dérobe quelques-uns de ses vices les plus fâcheux : facilité et prolixité. Oserai-je ajouter qu'il n'est pas jusqu'au mensonge, grande et toujours florissante spécialité de la parole, que la photographie ne s'enhardisse à pratiquer.

Il faut donc convenir que le bromure l'emporte sur l'encre, dans tous les cas où la présence même des choses visibles se suffit, parle par soi seule, sans l'intermédiaire d'un esprit interposé, c'est-à-dire sans recours aux transmissions toutes conventionnelles d'un langage.

Mais, quant à moi, je n'y vois point de mal; et je suis bien près d'y trouver certains avantages pour la littérature. Je dis que cette prolifération d'images photographiques dont je parlais pourrait indirectement tourner au profit des Lettres – j'entends des Belles-Lettres, – ou plutôt des Lettres véritablement belles. Si la Photographie et ses conquêtes du mouvement et de la couleur, sans parler de celle du relief, nous découragent de décrire le réel, c'est là nous rappeler les bornes du langage articulé, et c'est nous conseiller, à nous autres écrivains, un usage de nos moyens tout à fait conforme à leur nature propre. Une littérature se ferait pure, qui délaissant tous les autres emplois que d'autres modes d'expression ou de production remplissent bien plus efficacement qu'elle ne peut le faire, se consacrerait à ce qu'elle seule peut obtenir. Elle se garderait alors et se développerait dans ses véritables voies, dont l'une se dirige vers la perfection du discours qui construit ou expose la pensée abstraite ; l'autre s'aventurant librement dans la variété des combinaisons et des résonances poétiques.

Paul Valéry,
« Discours du Centenaire
de la photographie », 1939,
in Études photographiques, n° 10,
novembre 2001

Sur la diffusion de l'art

Qu'avait-il vu ? Qu'avaient vu, jusqu'en 1900, ceux dont les réflexions sur l'art demeurent pour nous révélatrices ou significatives, et dont nous supposons qu'ils parlent des *mêmes œuvres* que nous ; que leurs références sont les nôtres ? Deux ou trois grands musées, et les photos, gravures ou copies d'une faible partie des chefs-d'œuvre de l'Europe. La plupart de leurs lecteurs, moins encore. Il y avait alors, dans les connaissances artistiques, une zone floue, qui tenait à ce que la confrontation d'un tableau du Louvre et d'un tableau de Florence, de Rome, de Madrid, était celle d'un tableau et d'un souvenir. La mémoire optique n'est pas infaillible, et plusieurs semaines séparaient souvent les études successives. Du XVIIe au XIXe siècle, les tableaux, traduits par la gravure, étaient devenus gravures ; ils avaient conservé (relativement) leur dessin, perdu leur couleur à quoi s'était substituée, non par copie mais par interprétation, son expression en noir et blanc ; ils avaient perdu aussi leurs dimensions, et acquis des marges. La photo en noir, au XIXe siècle, ne fut qu'une gravure plus fidèle. L'amateur d'alors connut les toiles comme nous avons connu les mosaïques et les vitraux jusqu'à la guerre de 1940...

Aujourd'hui, un étudiant dispose de la reproduction en couleurs de la plupart des œuvres magistrales, découvre nombre de peintures secondaires, les arts archaïques, les sculptures indienne, chinoise, japonaise et précolombienne des hautes époques, une partie de l'art byzantin, les fresques romanes, les arts sauvages et populaires. Combien de statues étaient reproduites en 1850 ? Nos albums ont trouvé dans la sculpture – que la monochromie reproduit plus fidèlement qu'elle ne reproduit les tableaux – leur domaine privilégié. On connaissait le Louvre (et quelques-unes de ses dépendances), dont on se souvenait comme on pouvait ; nous disposons de plus d'œuvres significatives, pour suppléer aux défaillances de notre mémoire, que n'en pourrait contenir le plus grand musée.

Car un Musée Imaginaire s'est ouvert, qui va pousser à l'extrême l'incomplète confrontation imposée par les vrais musées : répondant à l'appel de ceux-ci, les arts plastiques ont inventé leur imprimerie.

André Malraux,
Le Musée Imaginaire,
Gallimard, 1947,
édition remaniée, 1965

Images de presse

L'essor vertigineux de la presse illustrée de photographies dans l'entre-deux-guerres s'accompagne d'un début de réflexion sur le rôle de ces images : mise en question de leur caractère informatif et interrogation critique sur leur pouvoir.

Images-mémoire

Les journaux quotidiens illustrent de plus en plus leurs textes, et que serait un magazine sans images ? La preuve décisive de la validité extraordinaire de la photographie d'aujourd'hui est avant tout la multiplication des *journaux illustrés*. S'y réunissent toutes les apparitions accessibles à l'objectif et au public, à commencer par la diva de cinéma. Les nourrissons intéressent les mères ; les jeunes messieurs sont captivés par les alignements de jolies jambes de filles ; les jolies filles regardent avec plaisir les grands du sport et de la scène, debout sur l'échelle de coupée du transatlantique, quand ils partent pour des pays lointains. Dans ces pays lointains se jouent des luttes d'intérêt. […]

Le but des journaux illustrés est la représentation intégrale du monde accessible à l'appareil photographique ; ils enregistrent la réplique spatiale des personnes, des états des choses et des événements sous toutes les perspectives possibles. À leur procédé correspond celui des actualités cinématographiques : celles-ci sont une somme de photographies, tandis que, pour le film authentique, la photographie n'est qu'un moyen. Jamais encore une époque n'a autant été avisée d'elle-même, si être avisé veut dire : avoir une image des choses qui leur est ressemblante au sens de la photographie. En tant que photographies actuelles, la plupart des images des illustrés se réfèrent à des objets qui existent encore en original. Les reproductions sont donc principalement des signes qui visent à rappeler l'origine qui serait à reconnaître – la diva démoniaque. Mais en réalité la ration photographique hebdomadaire ne vise absolument pas la référence aux images originaires. Si elle s'offrait en soutien à la mémoire, alors c'est la mémoire qui devrait déterminer sa sélection. Mais le flot des photos balaie les digues de la mémoire. L'assaut des collections d'images est si violent qu'il menace de détruire la conscience des traits décisifs – qui existe peut-être. Ce destin frappe également les œuvres d'art quand elles sont reproduites. Le dicton « Pris avec les autres et pendu avec eux » vaut pour l'original reproduit en nombre ; au lieu d'apparaître derrière les reproductions, il tend à disparaître dans leur multiplicité et à continuer à vivre comme photographie d'art. Dans les illustrés, le public voit le monde que les illustrés empêchent de percevoir. Le continuum spatial offert par la perspective de l'appareil recouvre l'apparition spatiale de l'objet reconnu, la ressemblance avec lui estompe les

TÉMOIGNAGES ET DOCUMENTS 147

Page intérieure de *La Vie au grand air*, 22 février 1908.

contours de son «histoire». Jamais encore une époque n'a été si peu avisée d'elle-même. Entre les mains de la société dominante, l'institution des illustrés est un des moyens de boycott les plus puissants contre la connaissance. Et l'arrangement criard des images n'est pas le moindre des moyens pour la conduite réussie de ce boycott. Leur *juxtaposition* exclut systématiquement toute cohérence qui pourrait s'ouvrir à la conscience. L'«idée imagée» chasse l'idée, le tourbillon de neige des photographies trahit son indifférence envers ce que signifient les choses. Il pourrait ne pas en être ainsi ; mais les illustrés américains en tout cas, sur lesquels ceux des autres pays se modèlent, identifient le monde à la quintessence des photographies. Cette identification n'est pas entreprise sans raison. Car le monde lui-même s'est pourvu d'un « visage photogénique »; il peut être photographié parce qu'il aspire à se réduire au continuum spatial qui se donne aux instantanés. Le cas échéant, il dépend d'une fraction de seconde, celle qui suffit à l'exposition de l'objet, pour qu'un sportif devienne si célèbre que les photographes tirent son portrait à la demande des illustrés. L'objectif a aussi à saisir les figures des jolies filles et des jeunes messieurs. Qu'il avale le monde est un signe de la *peur de la mort*. Par leur accumulation, les photographies voudraient bannir le souvenir de la mort immanent à chaque image-mémoire. Dans les journaux illustrés, le monde est devenu le présent photographiable, et le présent photographié complètement pérennisé. Il semble être arraché à la mort ; en réalité, il lui est livré.

Siegfried Kracauer,
« Die Photographie »,
Frankfurter Zeitung, 1927,
in Olivier Lugon, *La Photographie en Allemagne, Anthologie de textes (1919-1939)*, Jacqueline Chambon, Nîmes, 1997

Des images qui mentent

«La photo ne ment pas ! » Cette phrase, si on en fait quelque part un slogan, ne peut manquer son effet. Pourtant, tout initié, même s'il ne l'est que modestement, sait que l'appareil photographique fournit certes des comptes rendus que l'on peut, en général moins mettre en doute que les paroles écrites ou dites, mais il sait aussi que, par le biais des retouches et de certains ajustements, par le biais du photomontage et d'une certaine subjectivité, sans oublier les légendes partisanes – s'il s'agit de publications dans la presse écrite – on peut

Double page intérieure de *Match*, 26 octobre 1939. Photographies de Julien Bryan.

considérablement déformer des faits avérés. L'histoire de la photo de presse ne manque pas de reportages qui ne correspondaient pas à la réalité. La tâche ne serait pas inintéressante qui consisterait un jour à rechercher combien de photos sont parues durant la guerre dans la presse internationale illustrée qui, avec une intention tendancieuse, montraient tout autre chose que la vérité. Le public non initié croit ces choses, d'autant plus qu'il pense justement que l'objectif de l'appareil photographique est réellement objectif.

Il y a diverses façons de produire des reportages falsifiés ou pas tout à fait irréprochables. La forme la plus simple recourt à un texte mensonger. Ici ce n'est pas la photo qui ment, mais simplement le texte explicatif. Une autre sorte de falsification est la photo posée, qui ne rend pas compte du déroulement réel d'un événement, mais en montre une construction ultérieure.

Une autre possibilité consiste à retoucher la photo, à moins qu'il ne s'agisse d'une application technique visant simplement à améliorer le rendu de celle-ci. Une retouche qui souligne l'essentiel et relègue l'inessentiel au second plan, ou même le fait disparaître, influence déjà de manière subjective un reportage photographique particulier. Une forme – malheureusement – souvent employée est celle de la superposition d'images au tirage. Pas besoin d'une grande perspicacité pour reconnaître ce genre de pratique. Malgré cela, il arrive de temps à autre dans le feu du combat que la presse l'utilise, y compris intentionnellement, en donnant comme raison qu'il s'agit d'un pis-aller. Je range aussi parmi les falsifications photographiques toute photo qui présente un événement ou une personne de façon anachronique : il n'est pas juste de montrer la vie et l'activité d'aujourd'hui à Tokyo en utilisant des photos prises il y a deux ans. Il n'est pas juste non plus de ressortir aujourd'hui une photo vieille d'une dizaine d'années d'une personnalité à laquelle, pour une raison ou pour une autre, l'opinion publique soudain s'intéresse. C'est pratiquement une manière de tromper les lecteurs qui vont juger cette personnalité au vu de cette photographie. On peut l'accepter d'une actrice coquette, mais on ne peut généraliser cette pratique.

> Willy Stiewe, « *Bilder, die lügen* » (Des images qui mentent), *Photofreund*, Berlin, vol. 11, n° 1, 5 janvier 1931

Photos-chocs

La plupart des photographies rassemblées ici pour nous heurter ne nous font aucun effet, parce que précisément le photographe s'est trop généreusement substitué à nous dans la formation de son sujet : il a presque toujours *surconstruit* l'horreur qu'il nous propose, ajoutant au fait, par des contrastes ou des rapprochements, le langage intentionnel de l'horreur : l'un d'eux, par exemple, place côte à côte une foule de soldats et un champ de têtes de morts ; un autre nous présente un jeune militaire en train de regarder un squelette ; un autre enfin saisit une colonne de condamnés ou de prisonniers au moment où elle croise un troupeau de moutons. Or, aucune de ces photographies, trop habiles, ne nous atteint. C'est qu'en face d'elles, nous sommes à chaque fois dépossédés de notre jugement : on a frémi pour nous, on a réfléchi pour nous, on a jugé pour nous ; le photographe ne nous a rien laissé – qu'un simple droit d'acquiescement intellectuel : nous ne sommes liés à ces images que par un intérêt technique ; chargées de surindication par l'artiste lui-même, elles n'ont pour nous aucune histoire, nous ne pouvons plus *inventer* notre propre accueil à cette nourriture synthétique, déjà parfaitement assimilée par son créateur.

D'autres photographes ont voulu nous surprendre, à défaut de nous choquer, mais l'erreur de principe est la même ; ils se sont efforcés, par exemple, de saisir, avec une grande habileté technique, le moment le plus rare d'un mouvement, sa pointe extrême, le plané d'un joueur de football, le saut d'une sportive ou la lévitation des objets dans une maison hantée. Mais ici encore le spectacle, pourtant direct et nullement composé d'éléments contrastés, reste trop construit ; la capture de l'instant unique y apparaît gratuite, trop intentionnelle, issue d'une volonté de langage encombrante, et ces images réussies n'ont sur nous aucun effet ; l'intérêt que nous éprouvons pour elles ne dépasse pas le temps d'une lecture instantanée : cela ne résonne pas, ne trouble pas, notre accueil se referme trop tôt sur un signe pur ; la lisibilité parfaite de la scène, sa *mise en forme* nous dispense de recevoir profondément l'image dans son scandale ; réduite à l'état de pur langage, la photographie ne nous désorganise pas. […]

La plupart des photos-chocs que l'on nous a montrées sont fausses, parce que précisément elles ont choisi un état intermédiaire entre le fait littéral et le fait majoré : trop intentionnelles pour de la photographie et trop exactes pour de la peinture, elles manquent à la fois le scandale de la lettre et la vérité de l'art : on a voulu en faire des signes purs, sans consentir à donner au moins à ces signes l'ambiguïté, le retard d'une épaisseur.

> Roland Barthes, *Mythologies,* Le Seuil, 1957

BIBLIOGRAPHIE

Ouvrages généraux et revues

– M. Frizot, *Histoire de voir*, Paris, Photo-Poche, 1989.
– M. Frizot (dir.), *Nouvelle Histoire de la photographie*, Paris, Bordas-Adam Biro, 1995.
– I. Jeffrey, *Revisions, an Alternative History of Photography*, Bradfort, National Museum of Photography, Film and Television, 1999.
– J.-C. Lemagny et A. Rouillé (dir.), *Histoire de la photographie*, Paris, Bordas, 1993.
– M. W. Marien, *Photography, A Cultural History*, New York, Abrams, 2002.
– N. Rosenblum, *Une histoire mondiale de la photographie*, trad. française, Paris, Abbeville, 1992.
– A. Sayag (dir.), *L'Invention d'un art*, Paris, Centre Georges-Pompidou-Adam Biro, 1989.
– J. Szarkowski, *Photography until Now*, New York, Museum of Modern Art, 1989.
– *Études photographiques*, revue semestrielle, Paris, Société française de photographie.
– *History of Photography*, revue trimestrielle, Londres.

Anthologies, recueils de textes et d'entretiens

– D. Baqué, *Les Documents de la modernité, La photographie en France, une anthologie, 1919-1939*, Nîmes, éditions Jacqueline Chambon, 1993.
– J. Green, *Camera Work, a Critical Anthology*, Millerton, Aperture, 1973.
– B. Johnson, *Photography Speaks – 150 photographers on their Art*, Aperture Foundation/the Chrysler Museum of Art, 2004.
– O. Lugon, *La Photographie en Allemagne, Anthologie de textes (1919-1939)*, Nîmes, éditions Jacqueline Chambon, 1997.
– L. Moholy-Nagy, *Peinture, photographie, film et autres écrits sur la photographie*, Nîmes, éditions Jacqueline Chambon, 1992.
– C. Phillips, *Photography in the Modern Era, European Documents and Critical Writings, 1913-1940*, New York, The Metropolitan Museum of Art/Aperture, 1989.

Chapitre 1

– S. Aubenas et A. Gunthert, *La Révolution de l'instantané*, Paris, Bibliothèque nationale, 1996.
– F. Brunet, *La Naissance de l'idée de photographie*, Paris, PUF, 2000.
– D. Canguilhem, *Le Merveilleux scientifique*, Paris, Gallimard, 2004.
– A. Gunthert et D. Bernard, *L'Instant rêvé, Albert Londe*, Nîmes, éditions Jacqueline Chambon, 1993.
– A. Thomas, *Photographie et sciences, une beauté à découvrir*, New Haven et Londres, Yale University Press, 1997.

Chapitre 2

– S. Greenough *et alii*, *Modern Art and America: Alfred Stieglitz and his New York Galleries*, cat. exposition, Boston, New York, Londres, Bulfinch Press/Washington, The National Gallery of Art, 2001.
– M. Harker, *The Linked Ring. The Secession Movement in Photography in Britain, 1892-1910*, Londres, Heinemann, 1979.
– E. Kempe, Fritz Kempe et Heinz Spielmann, *Die Kunst der Camera im Jugendstil*, Francfort, Umschau, 1986.
– W. Naef, *The Collection of Alfred Stieglitz. Fifty Pionneers of Modern Photography*, New York, Metropolitan Museum of Art, 1978.
– H. Pinet *et alii*, *Le Salon de Photographie, les écoles pictorialistes en Europe et aux États-Unis*, Paris, musée Rodin, 1993.
– M. Poivert, *Le Pictorialisme en France*, Paris, Hoëbeke, 1992

Chapitre 3

– T. Blondet-Bisch *et alii*, *Voir, ne pas voir la guerre. Histoire des représentations photographiques de la guerre*, Paris, Somogy, 2001.
– M. Fulton, *Eyes of Time, Photojournalism in America*, Rochester, George Eastman House, 1988.
– B. Von Dewitz et R. Lebeck, *Kiosk : eine Geschichte der Fotoreportage, 1839-1973*, Göttingen, Steidl, 2001.
– C. Westerbeck et J. Meyerowitz, *Bystander, A History of Street Photography*, Londres, Thames and Hudson, 1994.

Chapitre 4

– J. Fiedler (ed.), *Photographie, Bauhaus, 1919-1933*, Paris, Carré et Bauhaus Archiv, 1990.
– R. Krauss, J. Linvingstone, et D. Ades, *Explosante Fixe. Photographie et surréalisme*, Paris, Centre Georges-Pompidou et Hazan, 1985.
– O. Lugon, *Le Style documentaire*, Paris, Macula, 2002.
– M. Morris Hambourg et C. Phillips, *The New Vision. Photography between the World Wars*, New York, The Metropolitan Museum of Art, 1989.

Chapitre 5

– C. Bouqueret, *Des années folles aux années noires*, Paris, Marval, 1997.
– F. Denoyelle, *La Lumière de Paris. Les usages de la photographie, 1919-1939*, Paris, L'Harmattan 1997.
– A. Jaubert, *Le Commissariat aux archives*, Paris, Barrault, 1986.
– M. Parr et G. Badger, *The Photobook, a History*, volume 1, Londres, Phaidon, 2004.

TABLE DES ILLUSTRATIONS

- R. A. Sobiezsek, *The Art of Persuasion. A History of Advertising Photography*, New York, Abrams, 1988.

Chapitre 6
- G. Bauret *et alii*, *The Family of Man. Témoignages et documents*, Luxembourg, Artevents, 1994.

- J. Livingstone, *The New York School. Photographs, 1936-1963*, New York, Stewart, Tabori et Chang, 1992.
- M. de Thézy *et alii*, *La Photographie humaniste, 1930-1960. Histoire d'un mouvement en France*, Paris, Contrejour, 1992.

TABLE DES ILLUSTRATIONS

COUVERTURE

1er plat Henri Cartier-Bresson, détail de la *Visite du président Eisenhower en France*, 1959 (pp 6-7).
Dos Frederick Church, George Eastman tenant le Kodak Box, 1890.
2e plat Robert Capa, *Milicien républicain espagnol tombant au combat pendant la guerre d'Espagne*, septembre 1936.

OUVERTURE

1 André Kertész, *Autoportrait*, 1927. Ministère de la Culture/Patrimoine photographique, Paris.
2 Anonyme, *Femme photographe au bord de la mer*, vers 1900.
3 Robert Capa, *Stalingrad*, 1947.
4 René Burri, « Henri Cartier-Bresson se penchant pour prendre une photo de la 5th Avenue à New York », 1959.
5 Tazio Secchiaroli, *Paparazzi en flagrant délit*, vers 1958.
6-7 Henri Cartier-Bresson, *Visite du président Eisenhower en France*, 1959.
8 Shoji Ueda, *Ken Domon photographiant*, photographie de la série « Sand Dune », 1945. Centre Georges-Pompidou, musée national d'Art moderne, Paris.
9 Anonyme, *Cours de photographie au Bauhaus*, Dessau, vers 1930.
11 Philippe Halsman, *La famille Halsman*, 1960.

CHAPITRE 1

12 Albert Londe, *Saut d'un tabouret*, « chronophotographie pendant la durée de l'éclair magnésique, 12/100 de seconde, poudre Ruggieri », détail d'une planche de tirages collés, vers 1905. Société française de photographie, Paris.
13 Vue de l'atelier de photographie métrique, système Bertillon, de la Police judiciaire à Paris, 1905. Musée des Arts et Métiers, Paris.
14 George Estman, *Mr Nadar, place de l'Opéra*, 1890. George Eastman House, Rochester.
15h Vue de la Eastman Kodak Company à Rochester, vers 1890.
15b Publicité pour papier à développement chlorobromure, fin XIXe siècle.
16g Publicité pour le Folding Kodak, 1890.
16d Appareil Folding Kodak, 1890.
17h Appareil Kodak Box, premier appareil fabriqué par Kodak, 1888.
17b Frederick Church, George Eastman tenant le Kodak Box, 1890.
18 *What an exposure*, gravure, *The Amateur Photographer*, septembre 1887.
19h Jacques Henri Lartigue, « Grand-mère, Maman et moi avec mon appareil à plaques 9 x 12 cm au bois de Boulogne », 1903. Association des Amis de Jacques Henri Lartigue, Paris.
19b *Fort Mahon, la plage à marée haute*, carte postale, 1906. Collection particulière, Paris.
20h Paul Nadar, « Environs de Bois-Colombes, épreuve instantanée obtenue pendant la marche rapide d'un train », 1884. Musée des Arts et Métiers, Paris.
20b Hippolyte Blancard, « Mademoiselle Vulliemin et Monsieur Blancard à l'entrée d'une grotte à Pontaillac », 1889. Bibliothèque nationale de France, Paris.
21 Henri Roger, *Trilocation*, 1893.
22 Étienne-Jules Marey, *Rebondissement d'une bille d'ivoire*, chronophotographie sur plaque fixe, 1886. Musée Marey, Beaune.
23 Auguste et Louis Lumière, *Déjeuner de Bébé, Madame, M. A. lumière, Mlle André*, photogramme cinématographique, 1897. Musée d'Orsay, Paris.
24 Henri Paul et Henry Prosper, *La constellation du cygne*, 1885. Musée d'Orsay, Paris.
24-25h Albert Londe, *Hémiatrophie (-plégie) hystérique ; Hémiatrophie (-plégie) infantile*, 1893. Collection particulière, Paris.
25b Joseph M. Eder et E. Valenta, *Deux Grenouilles*, photogravure d'après une radiographie, 1896. Collection particulière.
26 Edgar Degas, *Portrait au miroir d'Henry Lerolle et de ses deux filles, Yvonne et Christine*, vers 1895. Musée d'Orsay, Paris.
27 Pierre Bonnard, *Le Grand-Lemps, scène de baignade : Robert et Charles Terrasse*, 1899. Musée d'Orsay, Paris.
28 Anton Giulio Bragaglia, *Dactylographie*, 1911. Gilman Paper Company Collection, New York.
28-29h Thomas Eakins, *Marey Wheel Photographs of George Reynol*d, 1884. Philadelphia Museum of Art, gift of Charles Bregler.

CHAPITRE 2

30 Alvin Langdon Coburn, *Frederick Holland Day dans sa chambre noire*, 1900.

152 ANNEXES

SPEED GRAPHIC

National Museum of Photography Film and Television, Bradford.
31 Marius de Zayas, publicité pour *Camera Work*, 1913. Collection particulière, Paris.
32 Peter Henry Emerson, *The Lone Lagoon*, planche 2 de *Marsh Leaves*, 1895, ed. David Nutt, Londres. Musée d'Orsay, Paris.
33 Peter Henry Emerson, couverture et pages intérieures de *Marsh Leaves*, ed. David Nutt, Londres, 1895. Collection particulière.
34h Publicité pour *American Amateur Photographer*, 1893. Collection particulière.
34b Constant Puyo, *Femme au chevalet*, vers 1895. Musée d'Orsay, Paris.
35 Paul Bergon, *À l'exposition*, in *La Revue de Photographie*, n° 2, 1903. Collection particulière.
36h Calendrier des expositions de Photo Secession.
36b Edward Steichen, *In Memoriam*, 1906. Musée d'Orsay, Paris.

37 Alfred Stieglitz, *The Little Galleries of the Photo Secession*, 1906, *Camera Work*, avril 1906. Musée d'Orsay, Paris.
38h Robert Demachy, *Symbolist Study*, vers 1900-1910. Fogg Art Museum, Cambridge, Richard & Ronay Menschel Fund.
38b Wilhem von Gloeden, *Taormina*, vers 1910.
39 Oskar et Theodor Hofmeister, *Enfants*. Museum für Kunst und Gewerbe, Hambourg.
40 George H. Seeley, *Winter Landscape*, 1909. Gilman Paper Company Collection, New York.
40-41b Heinrich Kühn, *Scène champêtre à Burgstall, Tyrol*, vers 1910. Collection Première Heure, Paris.
42 Paul Strand, *Blind*, 1917, *Camera Work*, juin 1917. Musée d'Orsay, Paris.
43 Alfred Stieglitz, *The Steerage*, 1907, *291*, septembre-octobre 1915. Musée d'Orsay, Paris.
44h Alvin Langdon Coburn, *Vortograph*, 1917. National Museum of Photography Film and Television, Bradford.
44b Frantisek Drtikol, *La Vague*, 1927. Centre Georges-Pompidou, musée national d'Art moderne, Paris.
45 Yasuzo Nojima, *Portrait de Chikako Hosokawa*, 1932. Collection particulière.

CHAPITRE 3

46 Otto Umbehr dit Umbo, *Der Rasende Reporter*, 1926. Bauhaus Archiv, Berlin.
47 Couverture de *Look*, photographie de Roger Schall, février 1937. Collection particulière.
48h Couverture de *Paris Illustré*, « Exposition universelle de 1889 à Paris », photographie anonyme, 6 juillet 1889.
48m Couverture de *Leslie's Weekly*, « Bataille de Caloocan aux Philippines », 13 av. 1899.
48b Couverture d'*Excelsior*, « Déclaration de la guerre entre l'Autriche et la Serbie », 29 juillet 1914.
49 Double page de *La Vie au Grand Air*, « Jeux olympiques de Londres », 1er août 1908. Collection particulière.
50h Couverture de *Pictures of Old Chinatown*, photographie d'Arnold Genthe, ed. Moffat Yard & Cie., 1908. Collection particulière.
50b Lewis Wickles Hine, *Making Human Junk*, affiche contre le travail des enfants, vers 1910.
51 Jacob August Riis, *Abri pour immigrés dans Bayard Street*, New York, 1888, *How the Other Half Lives*, New York, Charles Scribner's Sons, 1890.
52 Couverture du *Miroir*, « Soldats français et allemand dans une tranchée à Combles », 8 octobre 1916. Collection particulière.
53h Photographie transmise par bélinographe, 1926.
53b Bélinographe portatif, 1922.
54h Couverture de *Vu*, « Départ en congés payés », 25 juillet 1936.
54b Couverture de *Life*, « Barrage de Fort Peck sur le Missouri », 23 novembre 1936, photographie de Margaret Bourke-White.
55 John Heartfield, photomontage « *O Tannenbaum im deutschen. Raum wie Krumm sind deine Ast !* », branches d'un arbre de Noël en forme de croix gammée, *Arbeiter Illustrierte Zeitung*, 27 décembre 1934. Collection particulière.
56 Portrait d'Alexey Brodovitch, par George Karger pour *Life*, 1937.
57h Carte de presse d'André Kertész, attaché à la rédaction de *Vu*, en qualité de reporter photographe, 1936.
57b Publicité de l'agence Keystone dans les années 1930.
58h Erich Salomon, *Ah, le voilà ! Le roi des indiscrets. Quai d'Orsay*, 1931. Bildarchiv Preussischer Kulturbesitz, Berlin.
58b Appareil Leica, 1926. Musée Nicéphore

TABLE DES ILLUSTRATIONS   153

Niépce, Chalon-sur-Saône.
59 Stéphane Passet, « Chine, environs de Zhangjiakou. Dans la steppe », juillet 1912. Musée Albert-Kahn, Boulogne-Billancourt.
60-61 Double page de *Vu*, 29 septembre 1936, reportage photographique de Robert Capa sur la guerre civile en Espagne. En haut à droite, photographie de Georg Reisner.
62 Henri-Cartier Bresson, « Côte-d'Ivoire », 1931.
63 Dmitri Baltermants, *L'Attaque*, 1941. Collection Michael P. Mattis, Scardale (New York).

CHAPITRE 4

64 Salvador Dalí, *Phénomène de l'Extase*, in *Le Minotaure*, décembre 1933. Centre Georges-Pompidou, bibliothèque Kandinsky.
65 Charles Sheeler, « *Fort Plant (Detroit)* », 1927. The Museum of Modern Art, New York.
66 El Lissitzky, *Le Constructeur (autoportrait)*, 1924. Bauhaus Archiv, Berlin.
67h Làszló Moholy-Nagy, montage pour la première page du dépliant de l'exposition *Film und Foto*, Stuttgart, 1929.
67b Anonyme, portrait de Làszló Moholy-Nagy, s. d. Collection particulière.
68 Làszló Moholy-Nagy, photogramme, sans titre, vers 1925-1927. Centre Georges-Pompidou, musée national d'Art moderne, Paris.
69 Làszló Moholy-Nagy, *From the Radio Tower. Bird's Eye View, Berlin*, 1928. Centre Georges-Pompidou, musée national d'Art moderne, Paris.
70 Walter A. Peterhans, *Étude de Matière*, vers 1929. *Ibidem*.
71 Alexandre Rodtchenko, *Spatial photomontage, Fotoobjekt mena*, projet de couverture pour le recueil constructiviste *Viste Miena Vsiekh*, 1924. *Ibidem*.
72-73 Broadway Photoshop, *Portrait multiple de Marcel Duchamp*, 1917. *Ibidem*.
73b Man Ray, *Fireworks*, solarisation, 1934. *Ibidem*.
74 Hans Bellmer, *Die Puppe*, 1936. *Ibidem*.
75 Halasz Gyula dit Brassaï, *La Belle de nuit, quartier Italie*, 1932. *Ibidem*.
76 Manuel Álvarez Bravo, *Tombe récente*, 1933. *Ibidem*.
77 Dora Maar, *Onirique*, photocollage, 1935. *Ibidem*.
78h August Sander, *Le Peintre Anton Raderscheid*, Cologne, 1927. *Ibidem*.
78b Edward Weston, *Torso of Neil*, 1925. Collection Center for Creative Photography, Tucson.
79 Albert Renger-Patzsch, *Forêt de hêtres automnale*, 1936. Centre Georges-Pompidou, musée national d'Art moderne, Paris.
80 Walker Evans, *A Sharecropper's cabin in Hale County, Alabama*, 1936.
81h Dorothea Lange, *Fermier, Alabama*, vers 1935-1943.
81b Arthur Rothstein, *Artelia Bendolph, Alabama*, 1937.
82 Berenice Abbott, page d'album : « New York », vers 1929. The Metropolitan Museum of Art, New York, gift of Emmanuel Gerald.
83 Carton d'invitation de la galerie Julien Levy à New York pour l'exposition *Documentary & anti-graphic*, 1935. Fondation Henri-Cartier-Bresson.
84 Gisèle Freund, *Walter Benjamin à la Bibliothèque nationale*, 1937. Agence Nina Beskow.
85h Extrait d'un article sur Atget, *L'Art vivant*, 1er janvier 1929. Collection particulière.
85b Eugène Atget, *Hôtel au fond d'une ruelle*, vers 1900. Musée d'Orsay, Paris.

CHAPITRE 5

86 Hajek Halke, *Érotisme monumental*, 1928-1932.
87g Couverture de *Naked City* par Weegee, Essential Book, New York, 1945. Collection particulière.
87d Couverture de *Metal* de Germaine Krull, Librairie des Arts décoratifs, Paris, 1928. Collection particulière.
88-89 Man Ray, double page de *Facile*, poèmes de Paul Eluard, éditions GLM, Paris, 1935. Musée d'Art et d'Histoire, Saint-Denis.
90 Moï Ver (Moshé Raviv-Vorobeichic), double page de *Paris*, éditions Jeanne Walter, 1931. Centre Georges-Pompidou, bibliothèque Kandinsky, Paris.
91h Alexandre Rodtchenko, couverture de *Pro Eto*, recueil de poèmes de Maïakovski, éditions Gos Izd-vo, Moscou, 1923. Collection particulière.
91b Karl Blossfeld, *Urformen der Kunst*, Ernst Wasmuth Verlag, Berlin, 1928. Centre Georges-Pompidou, bibliothèque Kandinsky, Paris.
92g Publicité pour Bruckmann-Bestecke, photographie d'André Kertész, 1929. Ministère de la Culture/Patrimoine photographique, Paris.
92d Publicité pour Ide Collars, photographie de Paul Outerbridge, 1922. Collection particulière.
93 Jan Tschichold, *Laster der Menschheit*, affiche de film, 1927. Centre Georges-Pompidou, bibliothèque Kandinsky, Paris.
94h Couverture de *Harper's Bazaar*, portrait de Lauren Bacall, photographie de Louis Dahl-Wolfe, mars 1943. Collection particulière.
94b Couverture de *Vogue*, photographie de Horst P. Horst, vers 1940.
95 Erwin Blumenfeld, *Trois Fois Petersen, étude pour une page*, surimpression, vers 1950. Centre Georges-Pompidou, musée national d'Art moderne, Paris.

154 ANNEXES

96 Anton Bruehl, couverture de *Vogue*, 1937. Collection particulière.

97 Jaroslav Rossler, publicité, vers 1933-1934. Centre Georges-Pompidou, musée national d'Art moderne, Paris.

98 Photomatons d'Yves Tanguy, vers 1929. *Ibidem*.

99 Walker Evans, *Penny Picture Display*, Savannah, 1936.

100 Werner Graff, *Es kommt der neue Fotograf!* Hermann Reckendorf Verlag, Berlin, 1929. Collection particulière.

100-101 Jacques Henri Lartigue, page 12 recto de l'Album 1936, *Casino de Cannes. Mon Gala multicolore*, février 1936. Association des Amis de Jacques Henri Lartigue, Paris.

102 Anonyme, *Es-tu déjà membre des photographes-ouvriers?*, juillet 1928. Collection particulière.

103 El Lissitsky, *Ussr im Bau* (*Urss in construction*), février 1934, photographies anonymes. Collection particulière.

104h Churchill inspectant les défenses de la côte nord-est, photographie anonyme. Collection particulière.

104b Affiche de propagande nazie, photographie détournée et retouchée d'après la photographie de Churchill inspectant les défenses de la côte nord-est, 1941. Collection particulière.

105 Tim Gidal, *Florence*, 1934.

CHAPITRE 6

106 Robert Doisneau, *Riton et M. Georges*, 1952.

107 Appareil Rolleiflex. Musée des Arts et Métiers, Paris.

108 Eric Schwab, *Jeune Russe de 18 ans à la libération du camp de concentration de Dachau*, 1945.

109 Eugene Smith, reportage sur le médecin de campagne Ernest Ceriani, *Life*, 20 septembre 1948.

110g Couverture de *Paris-Match*, 25 juin-2 juillet 1955.

110-111 Henri Cartier-Bresson, « Foule dans le hall de la foire agricole à Moscou », 1954.

112 Willis Ronis, *La Fenêtre*, 1948.

113 Halasz Gyula dit Brassaï, *Graffiti Le Roi soleil* de la série IX, images primitives, vers 1945-1950. Centre Georges-Pompidou, musée national d'Art moderne, Paris.

114 Lisette Model, *Shadows (Three Women)*, 1940-1941. Galerie Baudoin Lebon, Paris.

115 Josef Sudek, *Fenêtre de mon atelier*, 1951. Centre Georges-Pompidou, musée national d'Art moderne, Paris.

116-117 Vue de l'exposition *The Family of Man* au Museum of Modern Art à New York, 1955. Museum of Modern Art, New York.

118 Otto Steinert, couverture de l'exposition *Subjektive Fotografie*, Bruder Auer Verlag, Bonn, 1951. Centre Georges-Pompidou, bibliothèque Kandinsky, Paris.

119 Mario Giacomelli, *Scanno*, 1957-1959.

120 Robert Rauschenberg, *Ceiling with Light Bulb*, 1952. Fonds national d'art contemporain, Puteaux.

121 Harry Callahan, *Wells Street, Chicago*, 1949. Centre Georges-Pompidou, musée national d'Art moderne, Paris.

122 William Klein, couverture et page intérieure de *Life is Good and Good for you in New York*, Le Seuil, Paris, 1956. Centre Georges-Pompidou, bibliothèque Kandinsky, Paris.

123 Robert Frank, couverture de *The Americans*, éditions Delpire, Paris, 1959.

124-125 Richard Avedon, double page de *Harper's Bazaar, The Beautiful Individualist*, octobre 1950.

126b Ken Domon, *Hiroshima*, éditions Kenko-sha, Tokyo, 1958. Collection particulière.

126-127h Tazio Secchiaroli, *L'actrice Aïche Nanà fait un strip-tease lors d'une fête à Trastevere*, reportage, *Espresso*, 16 octobre 1958. Collection particulière.

127b Ed Van der Elsken, « L'artiste australienne Vali Myer, Saint-Germain-des-Prés, Paris », 1950-1954.

Nederlands Fotomuseum, Rotterdam.

128 Yves Klein, *Un homme dans l'espace! Le peintre de l'espace se jette dans le vide!*, ou *Le Saut dans le vide*, 1960. Photographie de Harry Shunk et John Kender.

TÉMOIGNAGES ET DOCUMENTS

129 Anonyme, Autoportrait, vers 1895. Collection particulière.

131 Couverture de *Peinture, photographie, film* de Làszló Moholy-Nagy, Bauhaus Bücher, n° 8, 1927.

134 Couverture de *Men at Work: Photographic Studies of Modern Men and Machines*, de Lewis W. Hine, The Macmillan Company, New York, 1932.

139 Publicité pour l'Ermanox, mai 1926.

140 Henri Cartier-Bresson, *Paris, place de l'Europe*, 1932, photographie publiée dans son ouvrage *Images à la sauvette*, Verve, 1952.

147 Page intérieure de *La Vie au grand air*, 22 février 1908. Collection particulière.

148 Double page intérieure de *Match*, 26 octobre 1939, photographies de julien Bryan.

INDEX

A

Abbott, Berenice 82, *82*, 84, 91, 101.
– *Changing New York* 82, 91.
Adams, Ansel 79, *85*, 101.

INDEX 155

Adamson, Robert 37.
Agee, James 89.
Agfa 15.
Albin-Guillot, Laure 88.
– *Narcisse et Arbres* 88.
Alliance Photo 57.
Álvarez Bravo, Manuel 76, *76*, 83.
– *Tombe récente* 76.
American Amateur Photographer 34, 37.
American Snapshot, The (exposition) 102.
Anschutz, Ottomar 22, 49.
Aperture 120.
Aragon, Louis 84.
Arbeiter Fotograf 102.
Arbeiter Illustrierte Zeitung (AIZ) 55, *55*, 102, *102*.
Arbus, Diane 126.
Arbuthnot, Malcolm 44.
Art photographique, L' 37.
Associated Press 57.
Atget, Eugène *82*, 83, 85, *85*.
Atlas de photographies solaires 25.
Atlas of the Moon 25.
Atlas photographique de la lune 25.
Autochrome 40, 41, 49.
Avedon, Richard 56, 122, *123*.

B

Baader, Johannes 72.
Balla, Giacomo 29.
Baltermants, Dimitri 63, *63*.
– *Douleur* 63.
Barillari, Rino 127.
Barnack, Oskar 58.
Barthes, Roland *110*.
Bartlane (système) 53.
Bauhaus 66, *70*, 71, 90, 93, 100, *121*.
Beaton, Cecil 67, 94, 98.
Beauchamp 16.
Belin, Édouard 53.
Bélinographe 53, *53*.
Bellmer, Hans *72*, 73.
Benjamin, Walter, 84, *84*.

– *Petite Histoire de la photographie 84*;
– *L'Œuvre d'art à l'époque de sa reproduction mécanisée 84*.
Ben-Yusuf, Zaida 34.
Berliner Illustrierte Zeitung (BIZ) 49, 54, 56, 57.
Bertillon, Alphonse 26.
Bifur 57, 84.
Bischoff, Werner 109, 110.
Black Mountain College 120, 121.
Black Star (agence) 57.
Blast 44
Blossfeldt, Karl 91, *91*.
– *Unformen der Kunst* 91, *91*.
Blumenfeld, Erwin *94*, 95.
Boccioni, Umberto 29.
Böcklin, Arnold 39.
Boiffard, Jacques-André 76.
Bonnard, Pierre 27, *27*.
Boubat, Édouard *112*, 113, 119.
Bourke-White, Margaret 45, *54*, 58, 63, 78, 108, *108*, 109.
Bovis, Pierre 113.
Brady, Mathew 83, 85.
Bragaglia, Anton Giulio 28.
Bragaglia, Arturo 28.
Brandt, Bill 62, 76, 119.
– *A Night in London* 62.
Brassaï, Halasz Gyula dit 57, 62, 66, *72*, 76, *76*, 112, 113, 119.
– *Paris de nuit* 76;
– *Roi Soleil, Le 113*.
Breitner, George Hendrik 27.
Breton, André 73, 76, *89*.
– *Manifeste du surréalisme* 73;
– *Nadja* 73, 89;
– *Amour fou, L'* 73.
Brigman, Annie *34*, 39.
Brodovitch, Alexeï 56,

56, *94*, 99, 122.
Bruehl, Anton 95.
Bulletin du Photo-Club de Paris 34, 37.
Burg Giebichenstein, Halle 100.
Burne-Jones, Edward 39.

C

Cahun, Claude 76.
Callahan, Harry 120, 121, *121*.
– *Wells Street 121*.
Camera (studio) 99.
Camera Club, New York 34.
Camera Club, Vienne 34, 35.
Camera Work 36, 37, 39, 42, 44, 50.
Cameron, Julia Margaret 37.
Capa, Robert 54, 62, *62*, 63, 109, 110.
Carrière, Engène 39.
Cartier-Bresson, Henri 59, 62, *62*, 63, 76, *76*, 77, 83, 109, *111*, 112, *123*.
– *Images à la sauvette* 109, *111*.
Casasola, Agustin 59.
Cheney Johnston, Alfred 98.
Chicago Tribune 49.
Chronophotographie 22, *22*, 28, 29.
Clarence White School of Photography 45, 92.
Claretie, Jules 52.
Coburn, Alvin Langdon 37, 44, *44*, 45, 90.
Cocteau, Jean 89.
Collier's Weekly 52.
Cordier, Pierre 119.
Creative Photography 120, *120*.
Cunningham, Imogen 79.
Curtis, Edward 90.

D

Dada 72.
Daily Mirror 49.
Dallmeyer 16.
Davison, George 33, 35, 39.

Day, Frederick Holland *31*, 34, 37, 39, 40.
Degas, Edgar 26, 27, 28.
Demachy, Robert 34, 37, 37.
– *Symbolist Study* 37.
Demeny, George 22, *22*.
Denis, Maurice 27.
Dephot (agence) 57.
Desnos, Robert 85.
Doisneau, Robert 99, *107*, 112, *112*, 113, 119.
– *Banlieue de Paris, La* 113.
Domela, Cesar 93.
Domon, Ken *126*.
– *Hiroshima 126*.
Drtikol, Frantisek 44.
Duchamp, Marcel 28, 72, *92*.
– *Nu descendant l'escalier* 28.

E - F

Eakins, Thomas 27, 28, *29*.
Eastman, George *14*, 15, *15*, 17, *17*.
Eder, Joseph Maria 20, 22.
Edison, Thomas Alva 22.
Effort industriel, l' (galerie) 36.
Eisner, Maria 57.
Eluard, Paul 88, *88*, 89.
– *Facile* 88, *88*.
Emerson, Peter Henry 32, *32*, 33, *33*, 90.
– *Marsh Leaves* 32, *32*;
– *Life and Landscape in the Norfolk Broads* 32;
– *Naturalistic Photography for the Students of the Art* 32.
Ermanox 47, 58, *58*.
Eugene, Frank 39.
Evans, Frederick 37, 42.
Evans, Walker 79, *81*, 83, 89, 91, 95, 111.
– *Let us now Praise Famous Men* 89.
– *American Photographs* 91.

156 ANNEXES

Evenepoel, Henri 27.
Excelsior 49, 50.
Family of Man, The
(exposition) *112*, 114,
115, *117*, *123*.
Fargue, Léon Paul 88.
– *Banalités* 88.
Farm Security
Administration (FSA)
79, *81*.
Faurer, Louis 114.
Federal Art Project 82.
Feininger, Lux 71, 101.
Ferh, Gertrud 100.
Film und Foto (Fifo),
(exposition) 66, 67, *67*,
69, 83, *92*.
Finsler, Hans 100.
Fotoform 118.
Fotografia artistica, La
37.
Fortune 54, 111.
Fortuny, Mariano 27.
Frank, Robert 123, *123*,
126.
– *Américains, Les* 123,
123.
Freund, Gisèle 84.

G - H

Gallen-Kallela, Akseli
27.
Galerie
– Charpentier, Paris
36 ;
– de la Pléiade, Paris
83 ;
– 291, New York 36, *36*,
37.
Galton, Francis 26.
Garai, Alex 57.
Garcin 15.
Gaudier-Brzeska, Henri
44.
Genthe, Arnold 50, *50*.
– *Pictures of Old
Chinatown* 50.
Ghisoland, Norbert 98.
Giacomelli, Mario 119.
Gidal, Tim 105.
Gotthard Schuh 123.
Gräff, Werner 100.
– *Es kommt der neue
Fotograf !* *100*, 101.
Groupe

– des XV *112*, 113 ;
– f64 79 ;
– Octobre 103.

Haas, Ernst 109.
Hajek-Halke, Heinz 118,
119.
Hare, Jimmy 52.
Harper's Bazaar 56, *56*,
94, 95, 122, *123*.
Hartmann, Sadakichi 42.
Hausmann, Raoul 66, 72,
93.
Hearst, William
Randolph *49*, 53.
Heartfield, John 55, *55*, 72.
Henri, Florence 66, 71.
Higgs 25.
Hill, David-Octavius 37,
85.
Hiller, Lejaren A. 93.
Hine, Lewis *42*, *50*, 51, 82.
Höch, Hannah 72.
Hofmeister, Oskar et
Theodor 34, 37, 39, *39*.
Horst, Horst P. 95.
Hosoe, Eikoh 126
Hoyningen-Huene,
George 94, 95.
Hugnet, Georges 76.

I - J

Illustration, L' 49, 50.
Illustrated London News
48.
Illustrierte Beobachter
105.
Illustrierte Zeitung 48, 49.
Institute of Design,
Chicago, 120, 121, *121*.
Izis 89, *112*, 113, 119.
– *Paris des rêves* 89,
113.

Jahan, Pierre 89, 113.
– *Mort et les Statues,
La* 89.
Janssen, Jules 22.
Juhl, Ernst 34, 36.
Junger, Ernst 84.

K

Kahn, Albert *59*.
Käsebier, Gertrude 34,
34, 37, 39, 45.

Keetman, Peter 118.
Keystone (agence) 57, *57*.
Kertész, André 57, 62, 76,
76, 92, 111, 112.
– *Amour fou, L'* 76.
Khnopf, Fernand 27.
Klein, William 123, 126.
– *New York* 123.
Klucis, Gustav 66, 70, 71.
Kodak *14*, 15, *16*, 17, *17*,
18, 27, 33, 35, *52*, *95*,
102.
Kollar François 88.
Korn, Arthur 53.
Kracauer, Siegfried 83.
Krull, Germaine, 88, *108*.
– *Route de Paris à la
Méditerranée* 88 ;
– *Route de Paris à
Biarritz* 88 ;
– *Route de Paris à
Marseille* 88.
Kühn, Heinrich 34, 37.
*Kunst in der
Photographie* 37.
Kupka, Frank.
– *Les Deux Cavaliers* 28

L

Landau, Ergy 57.
Lange, Dorothea 45, *81*.
Lartigue, Jacques Henri
19, *101*.
Lauterwasser, Siegfried
118.
Leach Maddox, Richard
14.
Le Bègue, René 34.
Lef 70.
Leica 58, *58*, 113.
Leslie'Weekly 48.
Levinstein, Léon 114.
Levitt, Helen 114.
Levy, Julien 82, 83.
Liberman, Alexandre 56,
56.
Life 54, *54*, 55, 57, 58, 62,
109, 112, *112*.
Linked Ring
Brotherhood 34, 35, 41.
Lissitzky, El 66, *66*, 67, 70,
71, 90, 93, 94, *103*, *117*.
Little Galleries of the
Photo-Secession,
New York 36.

Londe, Albert *13*, 21, *24*,
25.
– *Nouvelle
iconographie de la
Salpêtrière* 25.
Lorant, Stefan 54, 56.
Lotar, Eli 66, 70.
Loti, Pierre 27.
Louis Lumière, école 100.
Luce, Henry 54.
LUCE (Union
cinématographique
éducative) 104.
Lumière, les frères 15, 22,
22, 40.
– *Le Repas de bébé* 22.

M

Maar, Dora 76, 77, 95.
– *Onirique* 77.
Mach, Ernst 22, 29.
Mac Orlan, Pierre 84.
Magnum (agence) 63,
109, 110, *111*.
Maïakovski, Vladimir 70,
90, *91*.
– *Pro Eto* 90, *91*.
Man Ray 66, *67*, 70, 72,
72, 73, 76, 82, 88, *88*, 94,
95 ;
– *Champs délicieux* 94 ;
– *Électricité* 94 ;
– *Rose Sélavy* 72 ;
– *Tonsure, La* 72.
Mann, Felix 54, 57.
Manuel, Henri 57, 94.
Marey, Étienne Jules 22,
22, 28, *28*, 29, *29*.
Martin, Paul 17.
Mathies-Masuren, Fritz
42.
Meissonier, Ernest 28.
Meyer, Adolf de 94.
Miall, Franck 17.
Michetti, Paolo 27.
Miller, Lee *108*, 109.
Minotaure, Le 57, *73*, *84*.
Miroir, Le 50, 52.
Model, Lisette 114, *114*.
– *Shadows* 114.
*Modern Photography at
Home an Abroad*,
Albright (exposition)
83.
Moholy-Nagy, Làszló 66,

INDEX 157

67, *67*, 68, *68*, 70, 71, *73*, 90, 93, 101, 118, 120.
- *Malerei, Fotografie, Film* 67.
Moï Ver 71, *90*.
Monckhoven, Désiré 15.
Monde illustré, Le 48, 49.
Mondotti, Tina 76, 78.
Morand, Paul 88.
- *Route de Paris à la Méditerranée* 88.
Moreau, Gustave 39.
Mucha, Alfons 27.
Muller 39.
Munch, Edvard 27.
Munchner Illustrierte Zeitung 54.
Munkàcsi, Martin 54, 95, 122.
Murray 93.
Museum of Modern Art (MoMA), New York 84, 85, 102, *111*, *113*, 114, *117*.
Muybridge, Eadweard 22, 28, *29*.
- *Animal Locomotion* 28.

N

Nadar *14*, *20*, 49, 83, 85, 94.
Namuth, Hans 62.
Natkin, Marcel 100.
- *Premiers Pas en photo avec un appareil box ou tout autre appareil simple, Les* 100.
National Geographic 49.
Neue Wege der Photographie, Iena (exposition) 83.
New York Daily Graphic 48.
New York Tribune 49.
Nouvelle Objectivité 66, 77, 91.

O

Ogonyok 63.
Ora, madame d' 98.
Outerbridge, Paul 45, 78, 92, *92*, 93.

P

Paris illustré 49.
Paris Match 110, 113.
Parry, Roger 76, 88.
- *Tahiti* 88.
Penn, Irving 56, 122.
Péret, Benjamin 89.
Peterhans, Walter 66, *70*, 101.
Photo-Club de Paris 34, *34*.
Photo League 112, 114, *114*.
Photo-Secession *31*, 34, *36*, 42, 43.
Photographie der Gegenwart, Essen (exposition) 83
Photogaphische Rundschau 37.
Photographic Society, Londres 32, 33.
Pictorial Photographers of America 45.
Picture Post 54, 56, 63.
Plaisirs de France 113.
Platt Lynes, George 95.
Post Wolcott, Marion *81*.
Pound, Ezra 44.
Pressa, La (exposition) 71.
Publiphot 100.
Puyo, Constant 34, *34*.
- *Notes sur la photographie artistique* 34.

R

Rado, Charles 57, 113.
Rapho (agence) 57, 112.
Rauschenberg, Robert 120.
- *Ceiling with Light Bulb 120*.
Réalités 113.
Regards 55, 62, 102.
Reisewitz, Ludwig 118.
René-Jacques 113.
Renger-Patzsch, Albert 66, 77, 78, *78*, 79.
- *Die Welt ist schön* 78, 91.
Reutlinger 94.
Révolution surréaliste, La 73.

Revue de photographie, La 37.
Rey, Guido 39.
Riboud, Marc 109.
Richter, 70.
Riis, Jacob 50, 51.
- *How the Other Half Lives* 51, *51*.
Robinson, Henry Peach 32, 33, 40.
- *Pictorial Effect in Photography* 32.
Rodchenko, Aleksandr, 66, 70, *71*, 90, 103.
- *Pro Eto* 90, *91*.
Rodger, George 63, 108.
Rodger, Philip 108, 109.
Roger, Henri *21*.
Roh, Franz 66, 83, *118*.
- *Foto-Auge* 66.
Rolleiflex *107*, 113.
Ronis, Willy *107*, 112, *112*, 113.
- *Fenêtre, La 112*.
Röntgen, Wilhelm Conrad 25.
Rothstein, Arthur 81.
Rowlands 25.

S

Safranski, Kurt 57.
Salomon, Erich 54, 58, 59, 62.
Sander, August 78, 79, *79*, 84, 91.
- *Antlitz der Zeit* 78, 91.
Schad, Christian 72.
Schneiders, Toni 118.
Schwab, Eric *108*.
Schwitters, Kurt 66, 93.
Secchiaroli, Tazio 126, *127*.
Seeley, George 41.
Seymour, David 62, 63, 109, 110.
Shan, Ben *81*.
Shaw, George Bernard 27.
Sheeler, Charles 65, 66, 78.
Siemens-Karolustelefunken (système) 53.
Signal 105.

Siskind, Aaron 83, 120, 121.
Smith, Eugène 63, 109, *109*, *111*.
Société française de photographie, Paris 22, 34.
Société pour l'encouragement de la photographie d'amateur, Hambourg 34.
Sommer, Frederick 120, 121.
Sougez, Emmanuel 84.
Soupault, Philippe 84.
Spilliaert, Leon 41.
Steichen, Edward 34, *35*, 37, 41, *41*, 45, 56, 67, 92, 93, 94, 95, 114.
- *Im Memorium* 36.
- *Scène champêtre à Burgstall, Tyrol 41*.
Steiner, Ralph 45, 78.
Steinert, Otto 118.
Stieglitz, Alfred *31*, 34, 36, *36*, 37, *37*, 41, 42, *42*, 43, *43*, 44, 66, 78, 79, 83, 85, 119, 121.
- *The Steerage* 43.
Stone, Benjamin *59*.
Strand, Paul *42*, 43, 44, 66, 78.
- *Blind* 42.
Strindberg, August 27.
Strömholm, Christer 118.
Stryker, Roy *81*.
Studio
- Deberny et Peignot 99;
- Harcourt 98;
- Henri Manuel 57;
- Tolmer 99;
- Zuber 99.
Subjektive Fotografie (exposition) 118, *118*.
Sudek, Josef 115.
Surréalisme au service de la Révolution, Le 73.

T - U

Tabard, Maurice 66, 76, 93.
Taro, Gerda 62.
Time 54.

Tomatsu, Shomei 126.
Tschichold, Jan 66, 67, 93, 93.
– *Foto-Auge* 66, 93.
Tuggener, Jakob 123.
Tzara, Tristan 84, 89.

Ubac, Raoul 73, 76.
Uhu 54, 58.
Ullstein, les frères 54.
Umbo 47, 57, 66, 71.
URSS en construction, L' 103.

V
Vachon, John 81.
Valenta 25.
Valéry, Paul 84, 88.
– *Narcisses et Arbres* 88.

Valloton, Félix 27.
Van der Elsken, Ed 126, 127.
– *Een Liefdesgeschiednis in Saint-Germain-des-Prés* 126, *127*.
Van der Keuken, Johan 126.
– *Achter Glas* 126;
– *Wij Zijn* 126.
Vandivert, Rita et William 109.
Van Gloeden, Wilhelm 38.
Vanity Fair 92.
Vertov, Dziga 70.
Vidal 20.
Vigneau, André 99.
Vivo (agence) 126.

Vogel, Lucien 54, 55.
Vogue 94, *94*, *95*, 122.
Vortex 44.
Vu 54, *54*, 55, 56, 57, 62, *62*.
Vuillard, Édouard 27, *27*.

W
Wall, E. J. 20.
Watson, Eva *34*.
Watzek, Hans 34.
Weegee 62, 87, 91, 114, *114*.
– *Naked City* 91.
Weekly Illustrated 54, 56.
Weston, Edward 76, 78, *78*.
– *Torso of Neil* 78.
Whistler, James 39.
White, Clarence 34, 37.

White, Minor 120.
Willumsen, Jens Ferdinand 27.
Windstosser, Ludwig 118.
Winogrand, Garry 126.
Witkiewicz, Stanislaw 27.
Wols 76.
Woolf, Virginia 84.
Worthington 22.
Wyndham Lewis, Percy 44.

Y - Z
Yevonde, madame 98.

Zeiss 16.
Zille, Heinrich 27.
Zola, Émile 27.
Zwart, Piet 93.

CRÉDITS PHOTOGRAPHIQUES

AFP/STF/Eric Schwab, Paris 108. Agence Nina Beskow, Paris 84. Bauhaus-Archiv, Berlin 46. Bibliothèque nationale de France/Département des estampes, Paris 20b. Bildarchiv Preussischer Kulturbesitz, Berlin Keystone, Paris 58h. Centre Georges Pompidou, Bibliothèque Kandinsky, Paris 64, 90, 91b, 93, 118. CNAC/MNAM Dist. RMN/Jacques Faujour 68, 71, 73b, 75, 113. CNAC/MNAM Dist. RMN/Philippe Migeat 8, 44b, 74, 77, 95. CNAC/MNAM Dist. RMN/Georges Meguerditchlan 69, 76, 98. CNAC/MNAM Dist. RMN/ Adam Rzepka 70, 96, 115, 121. CNAC/MNAM Dist. RMN/© Christian Bahier/Adam Rzepka 78h, 79. CNAM, Musée des Arts et Métiers, Paris/Pascal Faligot-Seventh Square 20h, 107. CNAM, Musée des Arts et Métiers, Paris/Philip Harvey, Paris 13. Center for Creative Photography, Arizona Board of Regents, Tucson 78b. Centre de documentation des Musées des Arts décoratifs, Paris 124-125. Collection Michael P. Mattis, Scardale (New York) 63. Collection Première Heure, Paris 40-41b. Corbis 50b, 81h, 99. Corbis/The Condé Nast Archive, Paris 94b. Corbis/Paul Almasy, Paris 17h. Corbis/Bettmann, Paris 16g, 51. Cosmos/Argentur Focus, Hambourg 86. Digital Image © 2005, The Museum of Modern Art, New York/Scala, Florence 65, 116-117. Fondation Henri-Cartier Bresson 83. Galerie Baudoin Lebon, Paris 114. George Eastman House, Rochester 14. Getty images/Hulton Archive, Paris 80. Getty images/Hulton Archive/George Eastman House, Paris Dos, 15h, 17b. Getty images/Library of Congress/Time Life Pictures, Paris 81b. Getty images/Time & Life Pictures, Paris 16d, 51b, 54b, 56, 109. Gilman Paper Company Collection, New York 28, 40. Harper's Bazaar, New York/Richard Avedon 124-125. Harvard University Art Museums, Cambridge, courtesy of the Fogg Art Museum, Richard and Ronay Menshel Fund for acquisition of Photographs 38h. Keystone, Paris 57b. Kharbine-Tapabor, Paris 48h, 53h, 54h, 60-61. Kharbine-Tapabor/Collection Grob 48b. Magnum/René Burri 4. Magnum© Cornell Capa Photos Robert Capa, 2001 2e plat, 3. Magnum/Henri Cartier-Bresson 1er plat, 6-7, 62, 110-111, 140. Magnum/Philippe Halsman 11. Ministère de la Culture, France/Association des Amis de Jacques Henri Lartigue 19h, 100-101. Ministère de la Culture, Patrimoine photographique, Paris © André Kertész 1, 92g. Musée Albert-Kahn, Département des Hauts-de-Seine 59. Musée d'Art et d'Histoire, Saint-Denis/Irène Andréani 88-89. Musée Marey, Beaune/J.-C. Couvel 22. Museum für Kunst und Gewerbe, Hambourg 39. Nederlands Fotomuseum, Rotterdam 127b. Paris-Match, Paris 148. Philadelphia Museum of Art/Lynn Rosenthal, 1999 28-29h. Photothèque du Fonds National d'Art contemporain Puteaux/Bruno Scotti 120. Rapho/Robert Doisneau 106. Rapho/Willis Ronis 112. RMN 23, 27, 37 85b. RMN/Hervé Lewandowski 24, 26, 32, 34b, 36, 43. RMN/René-Gabriel Ojeda 42. Roger-Viollet 21, 38b. Roger-Viollet/Boyer 53b. Viollet/Harlingue 2. Science and Society Picture Library/Nationa

Museum of Photography Film and Television/Courtesy of The Royal Photographic Society, Londres 30, 44h. Société française de Photographie, Paris 12. The Metropolitan Museum of Art, New York, gift of Emmanuel Gerald 82. Ville de Chalon-sur-Saône, Musée Nicéphore Niépce 58b.
© 1971, Aperture Foundation Inc./Paul Strand Archive 42. © Berenice Abbott/Commerce Graphics Ltd inc., New York 82. © ADAGP, Paris, 2005 27, 37, 43, 66, 67h, 68, 69, 71, 74, 77, 91h, 95, 103, 115, 131. © Association Frères Lumière, Bois d'Arcy 23. © Dimitri Baltermants/Michael P. Mattis, Scardale (New York) 63. © Karl Blossfedt Archiv/Ann & Jurgen Wilde, Zülpich/ADAGP, Paris 2005 91b. © Anton Giulio Bragaglia Estate. © Estate Brassaï-RMN 75, 113. © Familia Alvarez Bravo y Urbajtel 76. © Ervina Boková-Drtikolová, Podebrady 44b. © The Estate of Harry Callahan, courtesy Pace/MacGill Gallery, New York. © Salvador Dali, Fondation Gala-Salvador Dali/ADAGP, Paris 2005 64. © Die Photographische Sammlung/SK Stiftung Kultur-August Sander Archiv, Cologne/ADAGP, Paris 2005 78h. © Succession Marcel Duchamps/ADAGP, Paris 2005 72-73. © Ed van der Elsken/Nederlands Fotomuseum, Rotterdam. © Peter Henry Emerson 32. © Gisèle Freund/Agence Nina Beskow 84. © Gallery Rudolf Kicken/Phyllis Umbehr 46. © Estate of Tim Gidal 105. © Eredi Mario Giacomelli, Senigallia/Courtesy Photologie, Milan 119. © The Heartfield Community of Heirs/ADAGP, 2005 Paris 55. © Christoph Irrgang & Karin Plessing, Hambourg 39. © Yves Klein archives, ADAGP, Paris 128. © Kühn-Nachlass, Birgitz 40-41b. © Magnum © Cornell Capa Photos Robert Capa, 2001 60-61. © Man Ray Trust/ADAGP, Paris 2005 73b, 88-89. © The Lisette Model Foundation inc., New York 114. © Robert Rauschenberg/ADAGP, Paris 2005 120. © Albert Renger-Patzsch Archiv/Ann & Jürgen Wilde, Cologne/ADAGP, Paris 2005 79. © Archivio Tazio Secchiaroli/ Courtesy of Galleria Photologie, Milan 5, 126-127. © George H. Seeley 40. © Permission of Joanna T. Steichen /Steichen Carousel 36b. © 1981, Edward Weston/Center for Creative Photography, Arizona Board of Regents, Tucson 78b. © Droits réservés 8, 31, 34b, 35, 45, 70, 96.
Nous avons cherché en vain les ayants droits ou héritiers de certains documents. Un compte leur est ouvert à nos éditions.

REMERCIEMENTS

L'auteur remercie Petros Petropoulos, Dominique de Font-Réaulx, Joëlle Bolloch, Denis Canguilhem, Alain Sayag, Brigitte Vincens, Frédérique Kartouby, Necha Mamod, Emma Bajac et Lucia Daniel.

ÉDITION ET FABRICATION

DÉCOUVERTES GALLIMARD
COLLECTION CONÇUE PAR Pierre Marchand.
DIRECTION Elisabeth de Farcy.
COORDINATION ÉDITORIALE Anne Lemaire.
GRAPHISME Alain Gouessant.
COORDINATION ICONOGRAPHIQUE Isabelle de Latour.
SUIVI DE PRODUCTION Fabienne Brifault.
SUIVI DE PARTENARIAT Madeleine Giai-Levra.
RESPONSABLE COMMUNICATION ET PRESSE Valérie Tolstoï.
PRESSE Flora Joly et Alain Deroudilhe.

LA PHOTOGRAPHIE - L'ÉPOQUE MODERNE - 1880-1960
ÉDITION Olivia Barbet-Massin.
ICONOGRAPHIE Maryse Hubert.
MAQUETTE Valentina Leporé et Pascale Comte.
LECTURE-CORRECTION Jean-Paul Harris et Jocelyne Marziou.
PHOTOGRAVURE Celadon.

Ancien conservateur à la photographie au musée d'Orsay, aujourd'hui conservateur au musée national d'Art moderne, Quentin Bajac a été pendant ces dernières années le commissaire de nombreuses expositions, tant sur la photographie ancienne (*Le daguerréotype français*), que moderne (*Jacques Henri Lartigue*) et contemporaine (*Bernd et Hilla Becher*).
Il prépare actuellement une rétrospective consacrée à l'œuvre de William Klein.
Il est notamment l'auteur, dans la collection Découvertes Gallimard, de *L'image révélée, l'invention de la photographie* (2001).

*Tous droits de traduction
et d'adaptation réservés
pour tous pays
© Gallimard 2005*

*Dépôt légal : juin 2005
Numéro d'édition : 131610
ISBN : 2-07-030069-2
Imprimé en France par Kapp*